NAJPREPROSTEJŠA KUHARSKA KNJIGA O BANANAH

Odkrijte čare banan v 100 jedeh brez truda

EMA JENKO

Avtorsko gradivo ©202 3

Vse pravice pridržane

Nobenega dela te knjige ni dovoljeno uporabljati ali prenašati v kakršni koli obliki ali na kakršen koli način brez ustreznega pisnega soglasja založnika in lastnika avtorskih pravic, razen kratkih citatov, uporabljenih v recenziji. Te knjige ne bi smeli obravnavati kot nadomestilo za zdravniški, pravni ali drug strokovni nasvet.

KAZALO

KAZALO 3
UVOD 6
ZAJTRK 7
   1. Chai vaflji z bananinim kremnim sirupom 8
   2. Muffini s koruznimi kosmiči in banano 11
   3. Tropski kokosov bananin puding 13
   4. Skleda za smoothie iz banane in jagodičja 15
   5. Angleški mafini z bananami in orehi 17
   6. Bananine borovničeve palačinke 20
   7. Bananin ekler rogljički 22
   8. Bananina vroča čokolada 24
   9. Muffin z bananami in oreščki 26
   10. Hibiskus banana Smoothie Bowl 28
PRIGRIZKI IN PREDJEDI 30
   11. Ocvrta banana obložena s koruznimi kosmiči 31
   12. Sendvič z nutelo in banano 33
   13. Bananin sendvič z arašidovim maslom 35
   14. Empanade z lešniki in bananami 37
   15. Polnjene banane 39
   16. Banana Fudge orehovi piškoti 41
   17. Brownie kvadratki z bananino kremo 43
   18. Bananin čips s čokolado 45
   19. Čokoladno oblita zamrznjena banana 47
   20. Bananini čokoladni kroketi 49
   21. Godiva jagodni bananin ražnjič 51
   22. Bananine palačinke 53
   23. Bananin zavitek iz arašidovega masla 55
   24. Bananini ocvrti 57
   25. Bananine Madeleines 59
   26. Bananas Foster Shortcake 61
SLADICA 63
   27. Bananin oreh pavlova 64
   28. B anana Caramel creme Crêpe s 66
   29. Narobe obrnjena torta z banano in makadamijo 69

30. Bananina orehova narobe obrnjena torta 71
31. Vroči bananin Creme Brûlée 74
32. Čokoladni crème brûlée s karameliziranimi bananami 76
33. Galette iz banane in biskofa 78
34. Banana Kokos Bavarois s karamelo 81
35. Brazilska banana 84
36. Čokoladno bananin tart brez peke 86
37. Bananin puding 88
38. Z rumom poširane banane 90
39. Banana in kokosov lonček za kremo 92
40. Sveža bananina rabarbarina pita 94
41. Indijski oreščki in banana Trifle 96
42. Prepoved ana Oreo Cheesecake 98
43. Banana Split sladoledni sendviči 100

PIJAČE 102

44. Jagodno bananin lešnikov smoothie 103
45. Banana Ch ai Cooler 105
46. Bananin smoothie iz satja 107
47. in bananin koktajl Godiva 109
48. Mocha bananin smoothie 111
49. Zajtrk Berry Banana Milkshake 113
50. Banana-mango sojin smoothie 115

BANANIN KRUH 117

51. Bananin kruh Samorog 118
52. Bananin kruh Funfetti 121
53. Bananin kruh s karamelo in posipi 124
54. Reesejev bananin kruh 126
55. Bananin kruh, ki ga je navdihnil Snickers 129
56. Bananin kruh M&M 131
57. Lucky Charms marshmallow bananin kruh 133
58. Bananin kruh s cimetom in pekanom 136
59. Orehov bananin kruh 139
60. Macadamia bananin kruh 141
61. Biscoff bananin kruh 143
62. Nutella vrtinčen bananin kruh 145
63. Bananin kruh z datljevo marmelado 147
64. Bananin kruh s pomarančno marmelado 150
65. Arašidovo maslo in žele bananin kruh 152

66. Medeni bananin kruh ... 155
67. Bananin kruh s spirulino ... 157
68. Bananin kruh z morskim mahom ... 160
69. Bananin kruh z morskimi algami in wakamejem ... 162
70. Bananin kruh, začinjen s čajem ... 164
71. Bananin kruh z bučnimi začimbami ... 167
72. Bananin kruh s cimetom ... 170
73. Bananin kruh z janežem in črnico ... 173
74. Açaí bananin kruh ... 176
75. Bananin kruh z goji jagodami ... 178
76. Glaziran trojni jagodni bananin kruh ... 180
77. Bananin kruh z borovnicami ... 182
78. Tropski bananin kruh ... 184
79. Mangov bananin kruh ... 187
80. Schwarzwald bananin kruh ... 189
81. Čokoladno bananin kruh Godiva ... 192
82. Rdeči žametni bananin kruh ... 194
83. Bananin kruh Hershey Bars ... 196
84. Bananin kruh, prepojen z Brownijem ... 198
85. RumChata bananin kruh ... 200
86. Bananin kruh z viskijem ... 203
87. Amaretto bananin kruh ... 205
88. Kahlua bananin kruh ... 207
89. Bananin kruh z rjavim maslom in rumom ... 209
90. Glaziran irski kremni bananin kruh ... 212
91. Bananin pivski kruh ... 215
92. Jamajški začinjen bananin kruh ... 218
93. Havajski bananin kruh ... 220
94. Filipinski bananin kruh Bibingka ... 222
95. Azijski miso bananin kruh ... 225
96. Južnoameriški bananin kruh ... 228
97. Bananin kruh z indijskim navdihom ... 230
98. Južnoafriški bananin kruh ... 232
99. Bližnjevzhodni tahini bananin kruh ... 234
ZAKLJUČEK ... **239**

UVOD

Dobrodošli v «Najpreprostejša kuharska knjiga o bananah», kulinarični pustolovščini, ki vas bo uvedla v čarobni svet banan v 100 preprosto okusnih jedeh. Banane niso le ljubljeno sadje, ampak tudi vsestranska in hranljiva sestavina, ki lahko vašo vsakodnevno kuhanje spremeni v nekaj izjemnega.

V tej kuharski knjigi vas bomo popeljali na potovanje skozi neštete načine kako lahko banane vključite v svoje obroke. Od zajtrka do sladice in vsake jedi vmes boste odkrili neverjeten okus, teksturo in vsestranskost, ki jo to skromno sadje prinaša na mizo. Ne glede na to, ali ste izkušen kuhar ali začetnik v kuhinji, so ti recepti zasnovani tako, da so dostopni in prijetni za vse.

Recepti v tej knjigi slavijo preprostost kuhanja z bananami. To navadno sadje smo vzeli in ga povzdignili v zbirko jedi, ki so hkrati okusne in enostavne za pripravo. To je praznovanje čarovnije, ki se lahko zgodi, ko združite malo ustvarjalnosti s to čudovito sestavino.

Zato se nam pridružite, ko luščimo plasti potenciala banane. Nadenite si predpasnik, vzemite metlico in se podajte na kulinarično potovanje, ki bo spremenilo vaše mnenje o tem čudovitem sadežu.

ZAJTRK

1. Chai vaflji z bananinim kremnim sirupom

Naredi: 2 vaflja

SESTAVINE:
SUHE SESTAVINE:
- 1 ½ skodelice ovsene moke
- 2 žlici škroba marante
- 2 žlički pecilnega praška
- 1 ¼ čajne žličke cimeta
- ½ čajne žličke mletega ingverja
- ½ čajne žličke mletega kardamoma
- ¼ čajne žličke muškatnega oreščka
- ¼ čajne žličke soli
- ⅛ čajne žličke mletih nageljnovih žbic

MOKRE SESTAVINE:
- 1 ¼ skodelice nesladkanega mandljevega ali sojinega mleka
- 3 žlice mandljevega masla
- 2 žlici javorjevega sirupa
- 1 čajna žlička vanilijevega ekstrakta

BANANIN KREMNI SIRUP:
- 1 velika zrela banana
- ½-¾ skodelice nesladkanega mandljevega ali sojinega mleka
- 2 izkoščičena in namočena datlja medjool
- 1 čajna žlička javorjevega sirupa
- ¾ čajne žličke vanilijevega ekstrakta
- ⅛ čajne žličke cimeta
- Ščepec soli
- Po želji: 2 žlici konopljinih semen ali 1-2 žlici masla iz orehov

NAVODILA:
ZA CHAI VAFLJE:
a) V veliki skledi združite vse suhe sestavine in jih dobro premešajte. Dat na stran.

b) Pekač za vaflje nastavite na srednjo temperaturo ali uporabite nastavitev, enakovredno 4, na stoječem pekaču za vaflje Cuisinart.

c) V mešalniku zmešajte vse mokre sestavine (nesladkano mandljevo ali sojino mleko, mandljevo maslo, javorjev sirup in ekstrakt vanilije). Mešajte, dokler zmes ni gladka.

d) Mokre sestavine iz mešalnika dodajte suhim sestavinam v skledo. Temeljito premešajte, dokler se dobro ne združita.

e) Maso za vaflje vlijemo v pekač za vaflje in skuhamo po navodilih za vaš pekač za vaflje. Če pa nimate pekača za vaflje, lahko uporabite ponev proti prijemanju. Vlijte ¼ - ⅓ skodelice testa na segreto ponev, ki se ne sprijema, kuhajte 3-5 minut, obrnite in kuhajte še 2-3 minute. Ponovite s preostalim testom za pripravo vafljev ali palačink.

f) Chai vaflje postrezite s svežim sadjem in bananinim kremnim sirupom ali sladilom po želji.

ZA BANANIN KREMNI SIRUP:
g) Datlje Medjool za 15 minut namočite v posodo z vročo vodo. Nato jih poberemo iz vode in dobro odcedimo. Datljem odstranimo koščico.

h) V hitri mešalnik dodajte izkoščičene datlje, zrelo banano, javorjev sirup, ekstrakt vanilje, cimet in ščepec soli (in po želji konopljina semena ali maslo iz oreščkov).

i) Mešajte, dokler zmes ni gladka. Če je potrebno, dodajte več mandljevega ali sojinega mleka, da dosežete želeno konsistenco sirupa.

j) Pred serviranjem sirup pustite stati 5 minut.

k) Uživajte v svojih Chai vafljih z bananinim kremnim sirupom za topel, tolažilen in okusen zajtrk!

2. Muffini s koruznimi kosmiči in banano

SESTAVINE:
- 2 skodelici večnamenske moke
- ½ skodelice sladkorja
- 1 čajna žlička pecilnega praška
- ½ čajne žličke sode bikarbone
- ¼ čajne žličke soli
- ½ skodelice stopljenega masla
- 1 skodelica zmečkanih zrelih banan (približno 2 zreli banani)
- 2 jajci
- 1 čajna žlička vanilijevega ekstrakta
- ½ skodelice mleka
- 1 skodelica zdrobljenih koruznih kosmičev

NAVODILA:
a) Pečico segrejte na 350 °F (175 °C). Pekač za mafine obložite papirnatimi podlogami ali namastite s pršilom za kuhanje.
b) V veliki skledi zmešajte moko, sladkor, pecilni prašek, sodo bikarbone in sol.
c) V drugi skledi zmešajte stopljeno maslo, pretlačene banane, jajca vanilijev ekstrakt in mleko, dokler se dobro ne premešajo.
d) Mokre sestavine vlijemo v suhe sestavine in mešamo, dokler se le ne združijo. Ne premešajte.
e) Nežno vmešajte zdrobljene koruzne kosmiče.
f) Testo enakomerno porazdelite med posodice za mafine in jih napolnite do približno treh četrtin.
g) Pecite 18-20 minut oziroma dokler zobotrebec, ki ga zapičite v sredino mafina, ne izstopi čist.
h) Odstranite iz pečice in pustite, da se mafini nekaj minut ohlajajo v pekaču, preden jih prestavite na rešetko, da se popolnoma ohladijo.

3. Tropski kokosov bananin puding

Naredi: 2 obroka

SESTAVINE:
- ¾ skodelice staromodnega ovsa brez glutena
- ½ skodelice nesladkanega naribanega kokosa
- 2 skodelici vode
- 1¼ skodelice kokosovega mleka
- ½ čajne žličke mletega cimeta
- 1 banana, narezana

NAVODILA:
a) V skledi zmešajte oves, kokos in vodo. Pokrijte in ohladite čez noč.
b) Mešanico prenesite v majhno ponev.
c) Dodamo mleko in cimet ter dušimo približno 12 minut na zmernem ognju.
d) Odstranite z ognja in pustite stati 5 minut.
e) Razdelite v 2 skledi in na vrh položite rezine banane.

4.Skleda za smoothie iz banane in jagodičja

SESTAVINE:
- 1 zrela banana, zamrznjena
- 1 skodelica mešanega jagodičevja (kot so jagode, borovnice ali maline)
- ½ skodelice grškega jogurta
- ¼ skodelice mleka
- ¼ skodelice zdrobljenih koruznih kosmičev
- Sveže jagode, narezana banana in drugi dodatki po želji

NAVODILA:
a) V mešalniku zmešajte zamrznjeno banano, mešano jagodičevje, grški jogurt in mleko.
b) Mešajte, dokler ni gladka in kremasta.
c) Smoothie prelijemo v skledo.
d) Po vrhu potresemo zdrobljene koruzne kosmiče.
e) Dodajte sveže jagode, narezane banane in druge želene prelive, kot so granola ali oreščki.
f) Zaužijte takoj z žlico.

5.Angleški mafini z bananami in orehi

SESTAVINE:
- 2 zreli banani, pretlačeni
- ¼ skodelice nesoljenega masla, stopljenega
- ¼ skodelice granuliranega sladkorja
- ¼ skodelice rjavega sladkorja
- 1 veliko jajce
- 1 čajna žlička vanilijevega ekstrakta
- 1 ½ skodelice večnamenske moke
- 1 čajna žlička pecilnega praška
- ½ čajne žličke sode bikarbone
- ½ čajne žličke soli
- ½ skodelice sesekljanih orehov ali pekanov
- Sprej za kuhanje ali rastlinsko olje za mazanje
- Koruzni zdrob za posip

NAVODILA:
a) Pečico segrejte na 350 °F (175 °C). Pekač za muffine namastimo in rahlo potresemo s koruzno moko. Tako boste preprečili, da bi se mafini sprijeli in jim dali klasično teksturo angleških mafinov.
b) V skledi za mešanje zmešajte pretlačene banane, stopljeno maslo, granulirani sladkor in rjavi sladkor. Mešajte, dokler se dobro ne poveže.
c) Bananini mešanici dodajte jajce in vanilijev ekstrakt ter mešajte, dokler ni gladka.
d) V ločeni skledi zmešajte večnamensko moko, pecilni prašek, sodo bikarbono in sol.
e) Postopoma dodajajte suhe sestavine mokrim sestavinam in mešajte, dokler se le ne povežejo. Pazite, da ne premešate; v redu je, če je nekaj grudic.
f) Sesekljane orehe ali pekanove orehe nežno vmešajte v testo.
g) Maso z žlico vlijemo v pripravljen pekač za mafine, tako da vsako skodelico za mafine napolnimo do približno dveh tretjin.
h) Na vrh vsakega muffina potresemo še malo koruzne moke za dodatno teksturo.
i) Pecite v predhodno ogreti pečici 15-20 minut, oziroma dokler mafini niso zlato rjavi in zobotrebec, ki ga zapičite v sredino, ne izstopi čist.
j) Mafine vzamemo iz pečice in pustimo, da se nekaj minut ohladijo v pekaču za mafine.
k) Z vilicami mafine vodoravno prerežite na pol in ustvarite tiste klasične kotičke.
l) Narezane mafine popečemo, dokler rahlo ne porjavijo, in jih še tople postrežemo z maslom ali vašim najljubšim namazom.
m) Uživajte v domačih angleških kolačkih z bananami in orehi!

6.Bananine borovničeve palačinke

SESTAVINE:
- 1 skodelica pirine moke
- ½ čajne žličke pecilnega praška
- ½ čajne žličke sode bikarbone
- 1 zrela srednja banana, pretlačena
- ¾ skodelice navadnega grškega jogurta
- ¼ skodelice + 2 žlici 2% mleka z nizko vsebnostjo maščobe
- 1 veliko jajce
- 2 žlici javorjevega sirupa
- ½ skodelice borovnic

NAVODILA:
a) V skledo dodajte moko, pecilni prašek in sodo bikarbono ter z metlico premešajte.
b) V drugi skledi zmešajte pretlačeno banano, jogurt, mleko, jajca in javorjev sirup, dokler se ne združijo.
c) Dodajte mokre sestavine k suhim sestavinam in mešajte, dokler se temeljito ne premešajo.
d) Previdno vmešamo borovnice.
e) Testo pustimo počivati 2 do 3 minute. To omogoči, da se vse sestavine združijo in testo dobi boljšo konsistenco.
f) Ponev ali rešetko, ki se ne sprijema, izdatno poškropite z rastlinskim oljem in segrejte na zmernem ognju.
g) Ko je ponev vroča, dodajte testo z merilno skodelico za ¼ skodelice in jo vlijte v ponev, da pripravite palačinke. Z merilno skodelico si pomagajte pri oblikovanju palačinke.
h) Pecite, dokler se stranice ne strdijo in na sredini ne nastanejo mehurčki (približno 2 do 3 minute), nato pa palačinko obrnite.
i) Ko je palačinka na tej strani pečena, jo odstavimo z ognja in preložimo na krožnik.
j) Nadaljujte s temi koraki s preostalim delom testa.

7. Bananin ekler rogljički

SESTAVINE:
- 4 zamrznjeni rogljički
- 2 kvadrata polsladke čokolade
- 1 žlica masla
- ¼ skodelice presejanega slaščičarskega sladkorja
- 1 čajna žlička vrele vode; do 2
- 1 skodelica vaniljevega pudinga
- 2 srednji banani; narezana

NAVODILA:
a) Zamrznjene rogljičke po dolgem prerežemo na pol; oditi skupaj. Zamrznjene rogljičke segrejte na nenamaščenem pekaču pri predhodno ogretem 325 °F. pečici 9-11 minut.
b) Skupaj stopite čokolado in maslo. Vmešajte sladkor in vodo, da dobite mazljivo glazuro.
c) Na spodnjo polovico vsakega rogljička namažite ¼ skodelice pudinga. Na vrh položite narezane banane.
d) Zamenjajte vrhnje rogljičke; prelijemo s čokoladno glazuro.
e) Postrezite.

8. Bananina vroča čokolada

SESTAVINE:
- 2 skodelici mleka
- 1 zrela banana, pretlačena
- 2 žlici nesladkanega kakava v prahu
- 2 žlici granuliranega sladkorja
- Stepena smetana (neobvezno)
- Bananine rezine za okras (neobvezno)

NAVODILA:
a) V ponvi zmešajte mleko, pretlačeno banano, kakav v prahu in sladkor.
b) Ponev postavite na srednje močan ogenj in mešajte, dokler mešanica ni vroča in kuhana na pari (vendar ne vre).
c) Odstavite z ognja in vročo čokolado nalijte v skodelice.
d) Prelijemo s stepeno smetano in po želji okrasimo z rezinami banane.

9. Muffin z bananami in oreščki

SESTAVINE:
- 4 žlice večnamenske moke
- 2 žlici granuliranega sladkorja
- ¼ čajne žličke pecilnega praška
- Ščepec soli
- ½ zrele banane, pretlačene
- 2 žlici mleka
- 1 žlica rastlinskega olja
- 1 žlica sesekljanih orehov (neobvezno)

NAVODILA:
a) V skodelici, primerni za mikrovalovno pečico, zmešajte moko, sladkor, pecilni prašek in sol.
b) Dodajte pretlačeno banano, mleko in rastlinsko olje ter mešajte, dokler se dobro ne poveže. Vmešajte sesekljane orehe.
c) Pecite v mikrovalovni pečici na visoki moči 1-2 minuti ali dokler kolaček ni pečen.

10. Hibiskus banana Smoothie Bowl

SESTAVINE:
- 1 zamrznjena banana
- ½ skodelice zamrznjenega jagodičevja (kot so jagode, maline ali borovnice)
- ¼ skodelice hibiskusovega čaja (močno kuhanega in ohlajenega)
- ¼ skodelice grškega jogurta ali rastlinskega jogurta
- 1 žlica chia semen
- Dodatki: narezano sadje, granola, kokosovi kosmiči, oreščki itd.

NAVODILA:
a) V mešalniku zmešajte zamrznjeno banano, zamrznjeno jagodičevje, hibiskusov čaj, grški jogurt in chia semena.
b) Mešajte, dokler ni gladka in kremasta. Po potrebi dodajte kanček dodatnega hibiskusovega čaja ali vode, da dosežete želeno konsistenco.
c) Smoothie prelijemo v skledo.
d) Potresite z narezanim sadjem, granolo, kokosovimi kosmiči, oreščki ali drugimi prelivi po želji.
e) Uživajte v osvežilnem in živahnem smutiju iz hibiskusa kot hranljivem zajtrku.

PRIGRIZKI IN PREDJEDI

11. Ocvrta banana obložena s koruznimi kosmiči

SESTAVINE:
- 4 zrele banane
- 1 skodelica zdrobljenih koruznih kosmičev
- Rastlinsko olje, za cvrtje
- Medena ali karamelna omaka, za prelivanje

NAVODILA:
a) Banane olupimo in po dolžini prerežemo na pol.
b) Vsako polovico banane povaljajte v zdrobljenih koruznih kosmičih in rahlo pritisnite, da se enakomerno prekrijejo.
c) V veliki ponvi na srednjem ognju segrejte rastlinsko olje.
d) Banane, obložene s koruznimi kosmiči, previdno položimo na segreto olje in z vseh strani zlato rjavo popečemo.
e) Ocvrte banane vzamemo iz ponve in odcedimo na papirnatih brisačah
f) Pred serviranjem pokapljajte z medom ali karamelno omako.

12. Sendvič z nutelo in banano

Naredi: 1

SESTAVINE:
- 1 zrela banana
- 3 žlice Nutelle
- 2 žlici masla
- 1 angleški mafin

NAVODILA:
a) Na srednjem ognju segrejte ponev.
b) Angleški mafin prerežite na pol in vsako stran rahlo premažite z maslom.
c) Vsako rezino angleškega mafina izdatno namažite z Nutello.
d) Zrelo banano narežemo na rezine in jih razporedimo po eni strani z nutelo oblitega angleškega muffina.
e) Drugo rezino, obloženo z Nutello, položite na vrh in ustvarite sendvič.
f) Sendvič položimo v segreto ponev in nežno pritisnemo z lopatko.
g) Kuhajte, dokler se Nutella ne začne topiti in angleški mafin postane zlato rjav in hrustljav.
h) Odstranite iz ponve, pustite, da se za trenutek ohladi, nato pa po želji prerežite na pol.

13. Bananin sendvič z arašidovim maslom

SESTAVINE:
- 2 angleška kolačka
- 1 žlica masla iz orehov po vaši želji
- 1 banana, narezana na tanke rezine
- 1 čajna žlička medu
- 1-2 žlici granole

NAVODILA:
a) Začnite tako, da angleške kolačke nežno razrežete z nožem ali z roko.
b) Pražimo jih, dokler ne dobijo ljubke zlate barve.
c) Vsako polovico mafina izdatno namažite z maslom iz orehov po svoji izbiri.
d) Na vrh položite na tanke rezine narezane banane, ki jim sledi pokapljanje medu in potres vaše najljubše granole.
e) Uživajte v svojih izvrstnih angleških mafinih z arašidovim maslom in banano!

14. Empanade z lešniki in bananami

Naredi: 16

SESTAVINE:
- 1 velika zrela banana, olupljena in narezana na kocke
- 1 skodelica Nutelle
- 2 ohlajeni 9-palčni lupini za pito
- 2 žlici vode
- 2 žlici granuliranega sladkorja
- cimetov sladoled

NAVODILA:
a) V skledo dodajte Nutello in banano ter mešajte, dokler se dobro ne povežeta.
b) Testo položite na rahlo pomokano površino in razrežite na 2 enako velika kosa.
c) Zdaj vsak kos razvaljajte v 14x8-palčni pravokotnik z ¼-palčno debelino
d) S 3-palčnim modelčkom za piškote izrežite 8 krogov iz vsakega pravokotnika testa.
e) Na vsak krog testa položite približno 1 zvrhano čajno žličko mešanice Nutelle.
f) Z mokrimi prsti navlažite robove vsakega kroga.
g) Testo prepognemo čez nadev in stisnemo robove, da se zaprejo.
h) Na dno s folijo obloženega pekača razporedite empanade.
i) Vsako empanado premažemo z vodo in potresemo s sladkorjem.
j) Postavite v zamrzovalnik za približno 20 minut.
k) Pečico nastavite na 400 stopinj F.
l) Pečemo v pečici približno 20 minut.
m) Uživajte tople ob cimetovem sladoledu.

15.Polnjene banane

SESTAVINE:
- 4 zrele banane
- ¼ skodelice arašidovega masla
- ¼ skodelice čokoladnih koščkov
- ¼ skodelice sesekljanih arašidov

NAVODILA:
a) Banane olupite in jih po dolžini prerežite, ne da bi prerezali dno.
b) V režo namažite arašidovo maslo.
c) V arašidovo maslo vstavite koščke čokolade in sesekljane arašide.
d) Vsako banano zavijte v aluminijasto folijo in pecite na srednjem ognju 5-7 minut oziroma dokler se čokoladni koščki ne stopijo.
e) Postrežemo toplo.

16. Banana Fudge orehovi piškoti

SESTAVINE:
- 1 skodelica nesoljenega masla
- 2 skodelici granuliranega sladkorja
- 4 velika jajca
- 1 čajna žlička vanilijevega ekstrakta
- 1 skodelica večnamenske moke
- ½ skodelice nesladkanega kakava v prahu
- ¼ čajne žličke soli
- 1 skodelica zmečkanih zrelih banan (približno 2 srednji banani)
- 1 skodelica sesekljanih orehov
- 1 skodelica polsladkih čokoladnih koščkov

NAVODILA:
a) Pečico segrejte na 350 °F in namastite pekač velikosti 9x13 palcev.
b) V posodi, primerni za mikrovalovno pečico, raztopite maslo. Dodajte sladkor in mešajte, dokler se dobro ne združi.
c) Stepajte jajca in vanilijev ekstrakt, dokler zmes ni gladka.
d) V ločeni skledi zmešajte moko, kakav v prahu in sol. Postopoma dodajajte to suho mešanico mokri zmesi in mešajte, dokler se le ne združi.
e) Dodamo pretlačene banane, sesekljane orehe in koščke čokolade.
f) Maso vlijemo v pripravljen pekač in jo enakomerno razporedimo.
g) Pecite približno 25-30 minut ali dokler zobotrebec, zapičen v sredino, ne izstopi z nekaj vlažnimi drobtinami.
h) Pustite, da se brownji popolnoma ohladijo, preden jih razrežete na kvadratke.

17. Brownie kvadratki z bananino kremo

SESTAVINE:
- 1 škatla mešanice za brownije (plus zahtevane sestavine v skladu navodili za pakiranje)
- 1 skodelica težke smetane
- ¼ skodelice sladkorja v prahu
- 1 čajna žlička vanilijevega ekstrakta
- 2 zreli banani, narezani na rezine

NAVODILA:
a) Predgrejte pečico v skladu z navodili za pakiranje mešanice za brownije in pripravite maso za brownije po navodilih.
b) Maso za brownije enakomerno razporedite v pomaščen ali obložen pekač.
c) Brownije pecite po navodilih na embalaži, običajno približno 20-25 minut.
d) Brownije vzamemo iz pečice in pustimo, da se popolnoma ohladijo.
e) V skledi za mešanje stepamo močno smetano, dokler ne nastanejo mehki vrhovi.
f) Dodajte sladkor v prahu in vanilijev ekstrakt ter nadaljujte s stepanjem, dokler ne nastanejo čvrsti vrhovi.
g) Ohlajene brownije premažemo s stepeno smetano.
h) Narezane banane razporedimo po stepeni smetani.
i) Narežite na kvadrate in postrezite.

18. Bananin čips s čokolado

SESTAVINE
- 2 zreli banani
- 4 unče temne čokolade, sesekljane
- Različni prelivi (npr. sesekljani oreščki, nastrgan kokos, posipi)

NAVODILA
a) Pekač obložite s peki papirjem.
b) Banane olupimo in narežemo na tanke kolobarje.
c) Rezine banan položite na pripravljen pekač.
d) V posodi, primerni za mikrovalovno pečico, v 30-sekundnih intervalih stopite temno čokolado, vmes mešajte, dokler ni gladka in popolnoma stopljena.
e) Vsako bananino rezino do polovice pomočite v stopljeno čokolado, da odvečni del odteče.
f) Pomočene bananine rezine položite nazaj na s pergamentom obložen pekač.
g) Po s čokolado namakanem delu rezin banan potresemo želene prelive.
h) Pekač postavimo v hladilnik za 20-30 minut oziroma dokler se čokolada ne strdi.
i) Ko je čokolada strjena, vzemite bananin čips iz hladilnika.
j) Postrezite in uživajte!

19. Čokoladno oblita zamrznjena banana

Naredi: 16

SESTAVINE:
- 3 banane
- 80 gramov kokosovega olja
- 2 žlici kakava v prahu
- 100 gramov temne čokolade Godiva
- 1 skodelica lešnikov, brez kože in praženih
- ½ skodelice indijskih oreščkov, praženih
- ¼ čajne žličke soli
- 1 čajna žlička vanilije

NAVODILA:
a) Lešnike in indijske oreščke zmešajte v kuhinjskem robotu, dokler ne postanejo gosta in kremasta, občasno se ustavite in postrgajte po straneh. Ko se zmeša, dodajte vanilijo in sol ter obdelujte, dokler se ne združi.
b) Banane narežite na 1 cm velike kolute. Med 2 rezini banane namažite ½ čajne žličke lešnikovega masla in tako dobite sendvič. Te bananine sendviče položite na pekač in zamrznite za 2 uri ali dokler niso čvrsti.
c) Stopite čokolado in kokosovo olje v posodi, ki je primerna za uporabo v mikrovalovni pečici, tako da jo segrevate v 30-sekundnih korakih na visoki temperaturi in mešajte, dokler se čokolada ne stopi.
d) Dodajte kakav v prahu in mešajte, dokler se vse grudice ne raztopijo in zmes postane gladka. Odstavimo, da se nekoliko ohladi.
e) Zamrznjene bananine sendviče vzemite iz zamrzovalnika in jih potopite v čokoladno mešanico, da prekrijete vse strani, tako da odvečna čokolada odteče, preden jih položite nazaj na pladenj. Takoj jih ponovno zamrznite. Delajte hitro in v serijah, da preprečite odtajanje banan.
f) Uživajte v slastnih grižljajih s čokolado in zamrznjeno banano!

20. Bananini čokoladni kroketi

SESTAVINE:
- 3 zrele banane, pretlačene
- ½ skodelice čokoladnih žetonov
- ¼ skodelice sladkanega kondenziranega mleka
- 1 skodelica večnamenske moke
- ½ čajne žličke pecilnega praška
- Ščepec soli
- Rastlinsko olje za cvrtje

NAVODILA:
a) V skledi zmešajte pretlačene banane, koščke čokolade in sladkano kondenzirano mleko, da se dobro povežejo.
b) V ločeni skledi zmešajte moko, pecilni prašek in sol.
c) Bananini mešanici dodajte suhe sestavine in mešajte, dokler ne nastane mehko, lepljivo testo.
d) Z žlico vzamemo testo in ga oblikujemo v kroket.
e) V globoki ponvi na srednjem ognju segrejte rastlinsko olje. Krokete cvremo v serijah, dokler niso zlato rjavi in hrustljavi na zunanji strani. Odstranite z žlico z režami in jih položite na krožnik, obložen s papirnatimi brisačkami, da odstranite odvečno olje.
f) Uživajte v okusnih bananinih čokoladnih kroketih, ko so še topli in je čokolada lepljiva.

21. Godiva jagodni bananin ražnjič

Naredi: 4

SESTAVINE:
- 1 skodelica temnih čokoladnih koščkov
- 4-5 svežih celih jagod
- 2 banani

NAVODILA:
a) Jagode narežite na 3-4 kose.
b) Banane narežite na 1-palčne koščke.
c) Na lesena nabodala izmenično nanizajte koščke jagod in banan.
d) Nabodala položite na list pergamentnega papirja.
e) V skledo, primerno za mikrovalovno pečico, dodajte koščke temne čokolade. Segrevajte v mikrovalovni pečici 30 sekund, premešajte in nato še dodatnih 15 sekund. Nadaljujte z mešanjem, dokler čokolada ni gladka. Po potrebi postavite v mikrovalovno pečico dodatnih 15 sekund.
f) Stopljeno čokolado pokapljajte naprej in nazaj po vsakem nabodalu.
g) Pustite, da se čokolada ohladi in strdi, dokler ni čvrsta.
h) Uživajte v dekadentnih jagodnih bananinih ražnjičih Godiva!

22. Bananine palačinke

SESTAVINE:
- 1 skodelica mešanice za palačinke
- ½ skodelice mleka
- 1 zrela banana, pretlačena
- ¼ čajne žličke vanilijevega ekstrakta

NAVODILA:
a) Na srednjem ognju predhodno segrejte mrežo proti prijemanju a ponev.
b) V skledi zmešajte mešanico za palačinke, mleko, pretlačeno banano in vanilijev ekstrakt.
c) žlicami testa polagamo na rešetko ali ponev.
d) Pečemo 1-2 minuti na vsaki strani oziroma do zlato rjave barve.
e) Odstavimo z ognja in pustimo, da se grižljaji palačink ohladijo.
f) Spakirajte grižljaje bananinih palačink v škatlo za malico.

23. Bananin zavitek iz arašidovega masla

SESTAVINE:
- 1 polnozrnata tortilja
- 2 žlici arašidovega masla
- 1 banana, narezana
- 1 žlica medu ali javorjevega sirupa (neobvezno)

NAVODILA:
a) Tortiljo položite na čisto površino.
b) Arašidovo maslo enakomerno porazdelite po tortiliji.
c) Narezano banano položite na arašidovo maslo.
d) Banano pokapljajte z medom ali javorjevim sirupom (po želji).
e) Tortiljo tesno zvijemo in narežemo na kolesca ali zavijemo kot celoto.
f) Spakirajte bananin zavitek z arašidovim maslom v škatlo za malico

24. Bananini ocvrti

SESTAVINE
- Zrele banane, narezane na rezine
- 1 skodelica večnamenske moke
- 2 žlici sladkorja
- ½ čajne žličke pecilnega praška
- ¼ čajne žličke mletega cimeta
- Ščepec soli
- ½ skodelice mleka
- Rastlinsko olje za cvrtje
- Med ali sladkor v prahu za posip (neobvezno)

NAVODILA

a) V skledi za mešanje zmešajte večnamensko moko, sladkor, pecilni prašek, mleti cimet in sol.
b) Postopoma dodajte mleko k suhim sestavinam in mešajte, dokler ne nastane gladka masa.
c) V globoki ponvi ali ponvi segrejte rastlinsko olje za cvrtje.
d) Narezane banane pomočite v testo in se prepričajte, da so dobro obložene.
e) Obložene banane previdno položimo na segreto olje in z obeh strani zlato rjavo ocvremo.
f) Odstranite iz olja in odcedite na papirnati brisači, da odstranite odvečno olje.
g) Tople bananine ocvrtke po želji pokapljamo z medom ali potresemo s sladkorjem v prahu.

25. Bananine Madeleines

SESTAVINE:
- 3 super zrele banane
- ½ skodelice kokosovega olja
- 1 skodelica belega sladkorja
- 1 veliko jajce
- 2 skodelici večnamenske moke
- ½ čajne žličke soli
- 1 čajna žlička sode bikarbone
- ½ čajne žličke vanilijevega ekstrakta
- ½ čajne žličke mletega cimeta

NAVODILA:
a) Pečico segrejte na 350°F (175°C). Pekač za madeleine namastite kokosovim oljem.
b) V posodi za mešanje z vilicami zmečkajte super zrele banane do gladkega.
c) V ločeni skledi zmešajte kokosovo olje, beli sladkor, vanilijev ekstrakt in jajca, dokler se dobro ne združita in postane kremasta.
d) Pretlačene banane dodajte mokrim sestavinam in mešajte, dokler se ne povežejo.
e) V drugi skledi zmešajte večnamensko moko, sol, sodo bikarbono in mleti cimet.
f) Postopoma dodajte mešanico suhe moke v mešanico mokrih banan in mešajte, dokler testo ni popolnoma gladko in ne ostanejo grudice.
g) Maso z žlico vlijemo v vsak model namaščenega pekača za madeleine tako da vsak model napolnimo približno do treh četrtin.
h) Bananine madeleine pečemo v ogreti pečici približno 10 minut oziroma dokler zobotrebec, ki ga zapičimo v sredino madeleina, ne izstopi čist. Vsaka madeleina mora imeti majhno grbo, ki se dviga iz sredine.
i) Madleine vzamemo iz pečice in pustimo, da se nekaj minut ohladijo v pekaču. Nato jih nežno vzamemo iz modelov in prestavimo na rešetko, da se popolnoma ohladijo.
j) Uživajte v slastnih in vlažnih bananinih madeleinah kot čudoviti poslastici za zajtrk, prigrizek ali kadarkoli si zaželite peciva z okusom banane s pridihom cimeta. Ti mali užitki bodo zagotovo razveselili vaše brbončice!

26. Bananas Foster Shortcake

SESTAVINE:

- 2 skodelici večnamenske moke
- ¼ skodelice granuliranega sladkorja
- 1 žlica pecilnega praška
- ½ čajne žličke soli
- ½ skodelice hladnega nesoljenega masla, narezanega na kocke
- ½ skodelice mleka
- 4 zrele banane, narezane na rezine
- ¼ skodelice nesoljenega masla
- ½ skodelice rjavega sladkorja
- ¼ skodelice temnega ruma (neobvezno)
- Stepena smetana ali vaniljev sladoled, za serviranje

NAVODILA:

a) Pečico segrejte na 425 °F (220 °C).
b) V veliki skledi zmešajte moko, sladkor, pecilni prašek in sol.
c) Dodajte hladno maslo mešanici moke in jo narežite z rezalnikom za pecivo ali s prsti, dokler zmes ne postane podobna grobim drobtinam.
d) Prilijemo mleko in mešamo, dokler se testo ne združi.
e) Testo zvrnemo na rahlo pomokano površino in ga nekajkrat nežno pregnetemo. Potapkajte ga v 1-palčni debel pravokotnik.
f) Testo razrežite na posamezne kolačke z rezalnikom za biskvite. Krhke torte položite na pekač, obložen s pergamentnim papirjem.
g) Pečemo 12-15 minut oziroma do zlato rjave barve.
h) Medtem ko se pecivo peče, v ponvi na zmernem ognju stopite maslo. Dodajte rjavi sladkor in mešajte, dokler se ne raztopi.
i) V ponev dodajte narezane banane in jih kuhajte 2-3 minute, dokler se ne zmehčajo in prekrijejo s karamelno omako.
j) Ponev odstavimo z ognja in previdno dodamo rum. Rum prižgite z dolgo vžigalico ali vžigalnikom, da flambirate (neobvezno). Pustite, da plameni naravno izgorijo.
k) Za serviranje pecivo prerežite na pol, ga napolnite z bananino mešanico in na vrh položite stepeno smetano ali vaniljev sladoled. Na vrh položite drugo polovico kolača in postrezite.

SLADICA

27. Bananin oreh pavlova

SESTAVINE

- 4 veliki beljaki
- 1 ščepec soli
- ⅛ čajne žličke vinskega kamna
- 1 skodelica granuliranega sladkorja
- 1 čajna žlička koruznega škroba
- 1 čajna žlička kisa
- 1 čajna žlička ekstrakta vanilije
- ½ skodelice opečenih pekanov, sesekljanih
- 2½ skodelice francoskega vanilijevega nemastnega jogurta, gladko stepenega
- 3 Nino (ali finger) banane, olupljene, (do 4) narezane na ¼ palca debelo

NAVODILA

a) Meringue: postavite stojalo na sredino pečice in segrejte na 400 stopinj F. Velik pekač za piškote obložite s pergamentnim papirjem; dati na stran.

b) V skledi s prostornino 4½ litra zmogljivega električnega mešalnika z žičnatim nastavkom stepamo beljake, sol in vinsko smetano, dokler ne nastanejo mehki vrhovi. Mešanico meringue razporedite v 9-palčni krog, pri čemer stranice nagnite malo višje od sredine.

c) Pekač za piškote postavite v pečico in takoj znižajte temperaturo pečice na 250 stopinj F. Pecite meringo 1 uro ali dokler ni suh in hrustljav na zunanji strani. (Na površini lahko nastane nekaj razpok.) Pustite, da se ohladi na sobno temperaturo.

d) Sestavite Pavlovo: meringo previdno odlepite s pergamenta in jo prenesite na servirni krožnik. Ustvarite 1-palčni obroč tako, da z žlico prelijete jogurt vzdolž celotnega notranjega roba lupine meringue.

e) Jogurtov kolobar obložite z narezanimi bananami. Z žlico stresite jogurt v 3-palčni kupček na sredini lupine. Po vrhu z bananami.

f) Sredino okrasite z jagodno salso.

28. Banana Caramel creme Crêpe s

Naredi: 6 obrokov

SESTAVINE:
ZA DOMAČO KREMNO KARAMELO:
- 1 skodelica granuliranega sladkorja
- ¼ skodelice vode
- 4 velika jajca
- ½ skodelice granuliranega sladkorja
- 2 skodelici polnomastnega mleka
- 1 čajna žlička vanilijevega ekstrakta

ZA CRÊRPES:
- 6 že pripravljenih palačink

ZA BANANIN KARAMELNI KREM NADEV:
- 4 banane, razdeljena uporaba
- 8-unčna posoda domače kremne karamele
- Jogurt z okusom
- ½ skodelice stepene smetane ali zamrznjenega stepenega preliva brez mleka, odmrznjenega, plus dodatek za okras
- Javorjev ali čokoladni sirup

NAVODILA:
PRIPRAVITE DOMAČO KREMNO KARAMELO:
a) V majhni ponvi zmešajte 1 skodelico granuliranega sladkorja in ¼ skodelice vode.
b) Mešanico segrevajte na srednje močnem ognju brez mešanja.
c) Pustite vreti, dokler ne postane globoko jantarne barve. Ponev občasno zavrtite, da zagotovite enakomerno karamelizacijo . To lahko traja približno 8-10 minut.
d) Ko karamela doseže želeno barvo, jo takoj vlijemo na dno 9-palčnega okroglega pekača za torte. Pekač nagnite, da enakomerno prekrijete dno.
e) Pekač, oblit s karamelom, odstavimo, da se ohladi in strdi.

PRIPRAVA KREMINE:
f) V skledi za mešanje zmešajte 4 velika jajca in ½ skodelice granuliranega sladkorja, dokler se dobro ne združi.
g) Mešanici jajc in sladkorja med nenehnim mešanjem postopoma dodajte 2 skodelici polnomastnega mleka.
h) Vmešajte 1 čajno žličko vanilijevega ekstrakta, da okusite kremo.
i) Pečico segrejte na 350 °F (175 °C).

j) Kremno zmes previdno prelijemo čez strjeno karamelo v tortnem pekaču.
k) Pekač postavimo v večji pekač (na primer pekač).
l) Ustvarite vodno kopel tako, da dodate vročo vodo v večjo posodo dokler ne doseže polovice stranic pekača. To pomaga zagotovit enakomerno kuhanje in gladko teksturo vaše karamelne kreme.
m) Večjo posodo pokrijemo z aluminijasto folijo.
n) Celotno postavitev postavite v predhodno ogreto pečico.
o) Pecite približno 45-50 minut ali dokler se krema ne strdi, vendar se v sredini še vedno rahlo premika.
p) Pekač vzamemo iz pečice in pustimo, da se ohladi na sobno temperaturo.
q) Ko je ohlajena, karamelno kremo ohladite vsaj 4 ure ali čez noč za najboljše rezultate.
r) Za serviranje potegnite z nožem po robu pekača, da se karamela zrahlja. Na vrh ponve postavite obrnjen servirni krožnik in ga hitro obrnite da se karamela spusti na krožnik. Karamela bo tekla čez kremo in ustvarila čudovit preliv.
s) Narežite in postrezite svojo domačo kremno karamelo, s karamelno omako, ki jo prelijete po kremi.
t) Pustite, da se ohladi, nato pa ohladite, dokler se ne strdi.
u) Pripravite bananin karamelni nadev:
v) Postavite 2 banani v kuhinjski robot ali mešalnik in mešajte do gladkega.
w) Zmiksanim bananam dodajte jogurt in mešajte, dokler se dobro ne poveže.
x) Vmešajte ½ skodelice stepene smetane ali odmrznjenega stepenega preliva brez mleka.

SESTAVITE CRÊRPES:
y) Na vsak servirni krožnik položite Crêpe.
z) Domačo kremno karamelo enakomerno porazdelite po vsaki palačinki
aa) Preostale banane narežite na kovance.
bb) Preostale bananine rezine porazdelite po kremni karameli na vsako palačinko.
cc) Vsaki palačinki dodajte kanček stepene smetane ali stepenega preliva brez mleka.
dd) Vsako palačinko pokapljajte z javorjevim ali čokoladnim sirupom.

29. Narobe obrnjena torta z banano in makadamijo

SESTAVINE:
- 6 žlic nesoljenega masla, zmehčanega
- ⅓ skodelice trdno pakiranega temno rjavega sladkorja
- ¼ skodelice rahlo opečenih orehov makadamije, grobo sesekljanih
- 2 Čvrsti banani, olupljeni in narezani na ¼ palca debele rezine
- ¾ skodelice večnamenske moke
- ¾ čajne žličke pecilnega praška
- ¼ čajne žličke cimeta
- 1 ščepec soli
- ¼ skodelice granuliranega sladkorja
- 2 veliki jajci
- ½ čajne žličke vanilije

NAVODILA:
a) Pečico segrejte na 350 stopinj Fahrenheita.
b) V majhni kozici raztopite 4 žlice masla in ga razdelite med štir ramekine po 1 skodelico.
c) Temno rjavi sladkor in sesekljane makadamije enakomerno potresemo po stopljenem maslu v vsako ramekin.
d) Rezine banan razporedite po oreščkih, tako da se prekrivajo, da se prilegajo.
e) V skledi zmešajte večnamensko moko, pecilni prašek, cimet in sol.
f) V ločeni skledi stepamo preostali 2 žlici zmehčanega masla in kristaln sladkor.
g) Eno za drugim stepite jajca in nato vmešajte vanilijo.
h) Vmešajte suhe sestavine in mešajte, dokler se testo ne poveže.
i) Testo enakomerno porazdelite med štiri ramekine.
j) Ramekins prenesite na pekač in pecite 25 minut oziroma dokler kolačk niso napihnjeni in zlato rjavi.
k) Pustite, da se torte 5 minut ohlajajo v pekaču na rešetki.
l) Z ostrim nožem potegnite po robovih ramekins in vsako torto previdno obrnite na servirne krožnike.

30.Bananina orehova narobe obrnjena torta

SESTAVINE:
PRELIV:
- 1 skodelica zlato rjavega sladkorja, pakirano
- ¼ skodelice nesoljenega masla
- 3 žlice čistega javorjevega sirupa
- ¼ skodelice orehov, grobo sesekljanih
- 4 velike zrele banane, olupljene in prerezane diagonalno; ¼-palčn rezine

TORTA:
- 1 skodelica moke
- 2 žlički pecilnega praška
- ½ čajne žličke cimeta
- ¼ čajne žličke soli
- ¾ skodelice sladkorja
- 6 žlic nesoljenega masla sobne temperature
- 1 veliko jajce
- ½ čajne žličke ekstrakta vanilije
- 6 žlic mleka
- Stepena sladka smetana (neobvezno)

NAVODILA:
a) Pečico segrejte na 325 °F (160 °C).

ZA PRELIV:
b) V težki srednji ponvi zmešajte rjavi sladkor in maslo. Mešajte na majhnem ognju, dokler se maslo ne stopi in se zmes dobro premeša.
c) Mešanico vlijemo v 9-palčni pekač za torto z 2-palčnimi visokimi stranicami in jo razporedimo tako, da prekrije dno pekača. Mešanico sladkorja prelijemo s čistim javorjevim sirupom, nato pa po vrhu enakomerno potresemo sesekljane orehe.
d) Rezine banane v koncentričnih krogih razporedite po oreščkih, tako da se rahlo prekrivajo in prekrijejo dno pekača.

ZA TORTO:
e) V srednji skledi zmešajte moko, pecilni prašek, cimet in sol, da se premešajo.
f) V drugi srednji skledi stepite sladkor in maslo, dokler ne postaneta kremasta. Dodajte jajce in vanilijev ekstrakt ter stepajte, dokler zmes ne postane rahla in puhasta.
g) V treh odmerkih izmenično stepajte mešanico moke z mlekom.
h) Maso za torto z žlico razporedimo po bananah v pekač.
i) Torto pečemo v predhodno ogreti pečici približno 55 minut oziroma dokler tester, vstavljen v sredino torte, ne izstopi čist.
j) Torto prestavimo na rešetko za hlajenje. Z nožem potegnite po stenah pekača, da zrahljate torto. Pustite, da se torta 30 minut hladi na rešetki.
k) Na pekač položite krožnik in obrnite torto. Pustite stati 3 minute, nato pa nežno dvignite s posode.
l) Bananino orehovo narobe obrnjeno torto postrezite toplo in jo po želji prelijte s stepeno sladkano smetano za dodatno čudovito poslastico. Uživajte v osupljivi kombinaciji karameliziranih banan, orehov in javorjevega sirupa v tej čudoviti sladici!

31. Vroči bananin Creme Brûlée

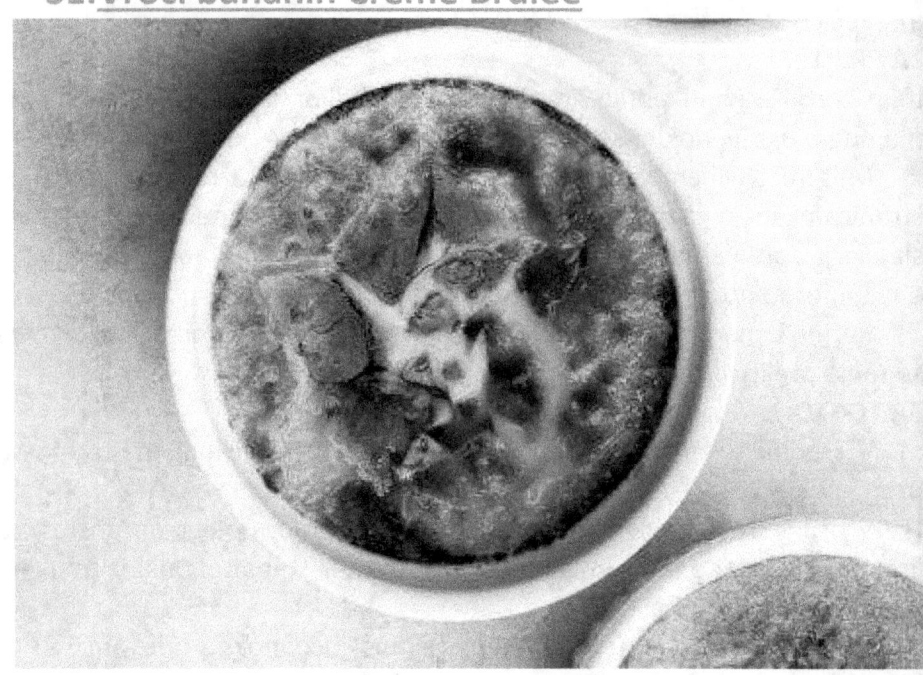

SESTAVINE:
- 4 zrele banane
- 1 skodelica težke smetane
- 1 skodelica polnomastnega mleka
- 4 rumenjake
- ½ skodelice granuliranega sladkorja
- 1 čajna žlička vanilijevega ekstrakta
- Rjavi sladkor, za karameliziranje

NAVODILA:
a) Pečico segrejte na 325 °F (160 °C).
b) Banane v skledi pretlačite do gladkega.
c) V kozici na zmernem ognju segrevajte smetano in mleko, dokler ne začne vreti.
d) V ločeni skledi zmešajte rumenjake, sladkor in vanilijev ekstrakt, dokler se dobro ne povežejo.
e) Vročo smetanovo zmes počasi vlivamo v rumenjakovo zmes, ob stalnem mešanju.
f) Mešanici dodamo pretlačene banane in dobro premešamo.
g) Mešanico razdelite med ramekine ali posode, primerne za pečico.
h) Ramekins položite v pekač in ga napolnite z vročo vodo, dokler ne seže do polovice stranic ramekins.
i) Pečemo približno 35-40 minut ali dokler se krema ne strdi, vendar se v sredini še vedno rahlo premika.
j) Ramekine vzamemo iz vodne kopeli in pustimo, da se ohladijo na sobno temperaturo. Nato postavite v hladilnik za vsaj 2 uri ali čez noč.
k) Tik preden postrežemo, vsako kremo potresemo s tanko plastjo rjavega sladkorja. S kuhalnico karamelizirajte sladkor, dokler ne nastane hrustljava skorjica.
l) Pustite nekaj minut, da se sladkor strdi, nato postrezite in uživajte.

32. Čokoladni crème brûlée s karameliziranimi bananami

SESTAVINE:
- 1 skodelica težke smetane
- 1 skodelica polnomastnega mleka
- ½ skodelice granuliranega sladkorja
- 4 unče grenke sladke čokolade, drobno sesekljane
- 1 čajna žlička vanilijevega ekstrakta
- 4 veliki rumenjaki
- 2 žlici rjavega sladkorja (za karamelizacijo)
- 2 zreli banani, narezani na rezine
- 2 žlici nesoljenega masla
- 2 žlici rjavega sladkorja (za karamelizacijo banan)

NAVODILA:
a) Pečico segrejte na 300 °F (150 °C). V pekač položite štiri ramekine in jih postavite na stran.
b) V ponvi zmešajte smetano, polnomastno mleko in granulirani sladkor. Segrevajte na srednje nizkem ognju, občasno premešajte, dokler ne zavre. Odstavite z ognja in dodajte drobno narezano grenko čokolado. Mešajte, dokler se čokolada popolnoma ne stopi in zmes postane gladka. Vmešajte vanilijev ekstrakt.
c) V ločeni skledi stepamo rumenjake, dokler ne postanejo bledi in se rahlo zgostijo.
d) Čokoladno mešanico počasi vlivamo v rumenjake, neprestano mešamo, da se ne strdi.
e) Mešanico za kremo razdelite med štiri ramekine. Pekač napolnite z vročo vodo do polovice robov, da ustvarite vodno kopel.
f) Pecite 35-40 minut ali dokler se robovi ne strdijo, sredina pa se še vedno rahlo premika.
g) Odstranite ramekine iz vodne kopeli in jih pustite, da se ohladijo na sobno temperaturo. Nato postavite v hladilnik za vsaj 2 uri ali dokler se ne ohladi in strdi.
h) Tik pred serviranjem pripravimo karamelizirane banane. V ponvi na srednjem ognju raztopimo maslo. Dodamo narezane banane in potresemo z rjavim sladkorjem. Na vsaki strani kuhajte 2-3 minute, dokler banane ne karamelizirajo in se zmehčajo.
i) Za serviranje položite nekaj karameliziranih rezin banane na vrh vsake kremšnite . Po vsakem enakomerno potresemo približno ½ žlice rjavega sladkorja. S kuhalnico karamelizirajte sladkor, dokler ne nastane zlato rjave skorjice. Postrezite takoj.

33. Galette iz banane in biskofa

SESTAVINE:
ZA TESTO ZA GALETTE:
- 1 ¼ skodelice večnamenske moke
- 1 žlica granuliranega sladkorja
- ¼ čajne žličke soli
- ½ skodelice nesoljenega masla, hladnega in narezanega na majhne kocke
- 3-4 žlice ledene vode

ZA NADEV:
- 2 zreli banani, narezani na rezine
- ½ skodelice namaza Biscoff (ali namaza Speculoos)
- ½ skodelice mini marshmallowa
- 1 žlica granuliranega sladkorja, za posipanje

ZA SERVIRANJE:
- Stepena smetana ali vaniljev sladoled (neobvezno)

NAVODILA:

a) V skledi za mešanje zmešajte moko, sladkor in sol za testo za galete. Dodajte hladno narezano maslo in s konicami prstov ali rezalnikom za pecivo narežite maslo v mešanico moke, dokler ne postane podobno grobim drobtinam.

b) Postopoma dodajte ledeno vodo, 1 žlico naenkrat, in mešajte dokler se testo ne združi. Testo oblikujemo v disk, ga zavijemo v plastično folijo in postavimo v hladilnik za vsaj 30 minut.

c) Pečico segrejte na 375 °F (190 °C). Pekač obložite s peki papirjem.

d) Na rahlo pomokani površini razvaljajte ohlajeno galetno testo v grob krog, debeline približno ⅛ palca. Razvaljano testo preložimo na pripravljen pekač.

e) Biscoffov namaz razporedite na sredino galetnega testa in pustite obrobo okoli robov. Narezane banane razporedimo po biskofovem namazu.

f) Mini marshmallows enakomerno potresemo po bananah. Robove galetnega testa zapognemo navznoter in nežno prekrivamo nadev.

g) Prepognjene robove testa za galete potresemo s sladkorjem v prahu.

h) Pečemo v predhodno ogreti pečici približno 20-25 minut oziroma dokler galeta ni zlato rjava in nadev postane mehurček.

i) Odstranite galeto iz pečice in pustite, da se nekaj minut ohladi preden jo postrežete.

j) Postrezite toplo galetto takšno, kot je, ali s kepico stepene smetane ali kepico vanilijevega sladoleda za dodatno razvajanje.

34. Banana Kokos Bavarois s karamelo

SESTAVINE:
ZA KOKOSOVO PODLOGO ZA TORTO:
- 160 g kokosovega olja (ekološko, biodinamično) ali masla
- 150 g ksilitola + 65 g + 20 g
- 2 jajci (prosta reja, organsko, biodinamično)
- 40 g kokosove moke (ekološke)
- 160 g naribanega kokosa (ekološki)

ZA BANANO KOKOS BAVAROIS:
- 350 ml kokosove smetane (ekološke) + dodatnih 50 ml
- 170 ml kokosovega mleka (organsko)
- 4 jajčni rumenjaki (prosta reja, organsko, biodinamično)
- 4 banane (brez škropiv, organske), narezane
- 1 vanilijev strok (semena postrgana)
- 2 listi želatine z zlatimi lističi

ZA SOLJENO ARAŠIDOVO KARAMELO:
- ⅓ skodelice arašidovega masla (ekološko)
- 2 žlici arašidov (ekoloških), grobo sesekljanih
- 100 g temne čokolade (brez sladkorja in mlečnih izdelkov)
- Nekaj ščepcev morske soli (himalajska, keltska, Murray River, roza)

NAVODILA:
ZA KOKOSOVO PODLOGO ZA TORTO:
a) Pečico segrejte na 170°C ter namastite in obložite 8 manjših okroglih pekačev (6 x 5 cm).
b) V skledi zmešajte kokosovo olje (ali maslo) in 150 g ksilitola, dokler ne postane gladko (ali dokler uporabljate maslo).
c) Dodajte 1 jajce in mešajte, dokler ni popolnoma mešana.
d) Dodamo kokosovo moko in nastrgan kokos ter dobro premešamo.
e) Dodajte zadnje jajce in mešajte, dokler se dobro ne združi.
f) V vsak model z žlico nalijte enako količino zmesi za torte in pecite 20 minut. Odstranite in pustite, da se ohladi.

ZA BANANO KOKOS BAVAROIS:
g) V ponvi na srednjem ognju zmešajte 350 ml kokosove smetane, kokosovo mleko, sesekljane banane in vanilijo. Pustite, da zavre, nato odstavite z ognja in pustite, da se ohladi, da se okusi prepojijo.
h) V skledi za mešanje zmešajte rumenjake in 65 g ksilitola, dokler ne postanejo bledi.
i) želatine zmehčamo v hladni vodi.

j) Zmes za bananino kremo rahlo segrejte, banani odstranite koščke in jo vlijte v skledo z rumenjaki (pazite, da ni prevroče). Nadaljujte z mešanjem.
k) želatine odcedimo in dodamo smetanovi zmesi. Mešajte dokler ni svetlo in penasto.
l) Enakomerne količine bananine kremne mešanice prelijemo po vrhovih kokosovih podstavkov za torte v modelčkih. Položite jih na pekač in čez noč postavite v hladilnik (ali zamrznite za sladoledno sladico).

ZA PRELIV TEMNE ČOKOLADE:
m) Nad vodno kopeljo stopite temno čokolado in ji dodajte 50 ml kokosove smetane. Mešajte, dokler čokolada ni sijajna in gladka. Pokapljajte čez vsak bavarois .

ZA SOLJENO ARAŠIDOVO KARAMELO:
n) V ponvi zmešajte arašidovo maslo, sesekljane arašide, preostalih 20 g ksilitola in kokosovo olje (ali maslo). Mešajte, dokler ni gladka in sijajna. Po okusu dodajte nekaj ščepcev soli. Odstranite z ognja.

SLUŽITI:
o) Vsako sladico previdno vzemite iz modelčkov in jih obilno pokapajte s slano arašidovo karamelo.

35. Brazilska banana

Naredi: 1 porcijo

SESTAVINE:
- 1 banana
- Rafiniran sladkor

NAVODILA:
a) Banano narežemo na tanke rezine.
b) Rezine razporedimo po krožniku za mikrovalovno pečico in jih potresemo s sladkorjem.
c) Pecite v mikrovalovni pečici, dokler se sladkor ne stopi in banana ni kuhana.
d) Postrežemo toplo.

36.Čokoladno bananin tart brez peke

SESTAVINE:
- 1 ½ skodelice čokoladnih piškotnih drobtin
- ⅓ skodelice stopljenega masla
- 8 oz kremni sir, zmehčan
- ½ skodelice sladkorja v prahu
- 2 zreli banani, narezani na rezine
- Čokoladni preliv za preliv

NAVODILA:
a) V skledi zmešajte čokoladne piškotne drobtine in stopljeno maslo, dokler se dobro ne premešata.
b) Pritisnite mešanico drobtin na dno pekača za tart, da nastane skorja.
c) V ločeni posodi stepite kremni sir in sladkor v prahu do gladkega.
d) Mešanico kremnega sira razporedite po skorji v pekaču za tart.
e) Na plast kremnega sira razporedite rezine banan.
f) Banane prelijemo s čokoladno omako.
g) Hladite vsaj 2 uri, da se strdi.

37. Bananin puding

SESTAVINE:
- 2 skodelici čokoladnega pudinga
- 2 skodelici stepene smetane
- 2 zreli banani, narezani na rezine
- 1 skodelica zdrobljenih čokoladnih piškotov

NAVODILA:
a) V posameznih kozarcih začnite s plastjo čokoladnega pudinga.
b) Puding obložimo s plastjo narezanih banan.
c) Čez banane dodamo plast stepene smetane.
d) Na stepeno smetano potresemo plast zdrobljenih čokoladnih piškotov.
e) Ponovite plasti, končajte s kepico stepene smetane in posipom zdrobljenih piškotov.
f) Pred serviranjem hladite v hladilniku vsaj 1 uro.

38. Z rumom poširane banane

SESTAVINE:
- 4 zrele, a čvrste banane
- 2 žlici nesoljenega masla
- ¼ skodelice temno rjavega sladkorja
- ½ skodelice temnega ruma
- Creme fraiche ali kisla smetana za okras

NAVODILA:
a) Začnite tako, da olupite banane in jih previdno prerežite na pol po dolžini.
b) V srednji ponvi na srednjem ognju stopite 1 žlico masla. Dodajte 2 žlici rjavega sladkorja in mešanico mešajte, dokler se sladkor ne raztopi.
c) V ponev položite 2 polovici banan s prerezano stranjo navzdol in jih pecite približno 2 minuti na vsaki strani, pazite, da jih obračate.
d) Ponev odstavimo z ognja in v ponev odmaknjeno vlijemo ¼ skodelice ruma. Ponev vrnemo na ogenj in previdno pretresemo, da se rum vžge.
e) Pustite, da alkohol izgori, nato pa ponovno stresite ponev, da se banane prekrijejo. Kuhajte, dokler banane ne posteklenijo in postanejo prosojne, kar naj traja približno 1 minuto dlje.
f) Glazirane banane prestavimo na tople krožnike, mednje enakomerno porazdelimo omako in postopek ponovimo s preostalima 2 bananama.
g) Vsako banano dokončajte tako, da jo okrasite z majhno kepico creme fraiche ali kisle smetane. Postrezite takoj za čudovito sladico.
h) Uživajte v tej hitri in elegantni poslastici, ki združuje sladke in pijane okuse ruma z naravno sladkostjo zrelih banan.

39. Banana in kokosov lonček za kremo

SESTAVINE:
- 2 skodelici kokosovega mleka
- ½ skodelice granuliranega sladkorja
- 6 velikih rumenjakov
- 1 čajna žlička vanilijevega ekstrakta
- 2 zreli banani, pretlačeni
- Opečen nastrgan kokos za okras

NAVODILA:
a) V kozici segrevajte kokosovo mleko in sladkor, dokler ne začne vreti.
b) V ločeni skledi stepemo rumenjake in vanilijev ekstrakt do gladkega.
c) Vročo mešanico kokosovega mleka med stalnim mešanjem počasi vlivamo v rumenjake.
d) Premešajte pretlačene banane, dokler se dobro ne povežejo.
e) Mešanico nalijte v posamezne lončke de creme in jo pred serviranjem ohladite vsaj 3 ure.
f) Pred serviranjem okrasite s popečenim naribanim kokosom.

40. Sveža bananina rabarbarina pita

Naredi: 8 obrokov

SESTAVINE:
- ½ funta sveže rabarbare (približno 3 skodelice), narezane na rezine
- 3 srednje velike banane (približno 3 skodelice), narezane na rezine
- 1 skodelica sladkorja
- ¼ skodelice pomarančnega soka
- ¼ čajne žličke soli
- ¼ čajne žličke cimeta
- 1 čajna žlička muškatnega oreščka
- 1 žlica masla
- 19" nepečena dvojna skorja za pito

NAVODILA:
a) Začnite tako, da pripravite svoj najljubši recept za dvojno skorjo za pito ali uporabite kupljeno skorjo.
b) Pečico segrejte na 450 °F (230 °C).
c) V veliki posodi za mešanje zmešajte narezano rabarbaro, narezane banane, sladkor, pomarančni sok, sol, cimet in muškatni orešček. Nežno mešajte, dokler se vse sestavine dobro ne povežejo.
d) Razvaljajte eno od skorj za pito in jo položite v 9-palčni pekač za pito. Sadno zmes vlijemo v skorjo pite. Vrh nadeva potresemo z majhnimi koščki masla.
e) Razvaljajte drugo skorjo pite in jo položite na sadni nadev. Okrasni rob lahko ustvarite tako, da robove obeh skorj stisnete skupaj.
f) Pito postavite v predhodno ogreto pečico in pecite pri 450°F (230°C) 15 minut. Ta začetna visokotemperaturna peka pomaga strditi skorjo.
g) Po 15 minutah zmanjšajte temperaturo pečice na 350°F (175°C).
h) Pito nadaljujte s peko še dodatnih 20 minut ali dokler skorja ni zlato rjava in nadev postane mehurček.
i) Pustite, da se pita nekaj časa ohladi na rešetki, preden jo narežete in postrežete. Postrežemo jo lahko toplo ali pri sobni temperaturi.
j) Uživajte v svoji slastni sveži bananini piti z rabarbaro!

41.Indijski oreščki in banana Trifle

SESTAVINE:
- 2 skodelici vanilijevega pudinga ali kreme
- 1 skodelica masla ali kreme iz indijskih oreščkov
- 1 skodelica stepene smetane ali stepenega preliva
- 2 zreli banani, narezani na rezine
- ¼ skodelice zdrobljenih indijskih oreščkov za okras

NAVODILA:
a) V krožnik za malenkosti naložimo polovico vanilijevega pudinga ali kreme.
b) Polovico masla iz indijskih oreščkov ali kreme iz indijskih oreščkov nanesite na plast pudinga.
c) Čez plast indijskih oreščkov razporedite polovico stepene smetane.
d) Na plast stepene smetane dodamo polovico narezanih banan.
e) Ponovite plasti s preostalimi sestavinami.
f) Po vrhu okrasite z zdrobljenimi indijskimi oreščki.
g) Pred serviranjem hladite vsaj 1 uro.

42. Prepoved ana Oreo Cheesecake

Naredi: 8

SESTAVINE:
- 200 g oreosov
- 60 g nesoljenega masla
- 3 narezane banane

PRELIV:
- 200 ml dvojne smetane
- 1 vrečka Vege Gela
- 400 g kremnega sira
- 1 čajna žlička vanilijevega ekstrakta
- 120 g sladkorja v prahu
- 50 g zlomljenih oreosov

GARNIRAJ
- 50 g Oreos za okrasitev zlomljenih

NAVODILA:
a) Vzmetni model za torte premera 20 cm obložimo s papirjem za peko.
b) 200 g Oreos damo v 2 plastični vrečki za hrano in z valjarjem razdrobimo, da nastanejo drobtine.
c) V kozici na rahlem ognju raztopite maslo, nato pa vanj vmešajte Oreo drobtine.
d) Mešanico za drobtine vlijemo v pekač in enakomerno poravnamo.
e) Po podlagi razporedite rezine banan.
f) Smetano z metlico stepamo do mehkih vrhov.
g) Pripravite rastlinski gel tako, da ga poškropite z 200 ml hladne vode in premešate, nato zavrite v ponvi.
h) Postavite na stran, da se ohladi za 5 minut .
i) Kremni sir, sladkor in vanilijev ekstrakt dajte v skledo in dobro premešajte, nato pa vmešajte smetano.
j) Nalijte zelenjavni gel in stepajte z veliko metlico, dokler se temeljito ne premeša.
k) Zložite zlomljene Oreos.
l) Zmes vlijemo na piškotno podlago in jo z lopatko pogladimo.
m) Hladite v hladilniku najmanj 3 ure, da se strdi.
n) Ko je strjen, okrasite cheesecake z zlomljenimi Oreos.

43. Banana Split sladoledni sendviči

SESTAVINE:
- 1 ½ skodelice večnamenske moke
- ½ čajne žličke sode bikarbone
- ¼ čajne žličke soli
- ½ skodelice nesoljenega masla, zmehčanega
- ½ skodelice granuliranega sladkorja
- ½ skodelice pakiranega rjavega sladkorja
- 1 veliko jajce
- 1 čajna žlička vanilijevega ekstrakta
- ½ skodelice zmečkanih zrelih banan
- ½ skodelice čokoladnih žetonov
- 1 pin vaniljevega sladoleda
- Narezane jagode in sesekljan ananas za okras
- Čokoladni sirup in stepena smetana za oblivanje

NAVODILA:
a) Pečico segrejte na 375 °F (190 °C) in obložite pekač s pergamentnim papirjem.
b) V skledi zmešajte moko, sodo bikarbono in sol.
c) V ločeni skledi za mešanje zmešajte zmehčano maslo, granulirani sladkor in rjavi sladkor, dokler ne postane svetlo in puhasto. Dodajte jajce in vanilijev ekstrakt ter mešajte, dokler se dobro ne združita.
d) Masleni mešanici postopoma dodajajte suhe sestavine in mešajte, dokler se le ne premešajo. Vmešajte pretlačene banane in čokoladne koščke.
e) žlice testa polagajte na pripravljen pekač tako, da jih razmaknete približno 2 cm narazen. Vsako kroglico testa rahlo sploščite z dlanjo.
f) Pečemo 10-12 minut oziroma dokler robovi niso zlato rjavi. Pustite, da se piškoti popolnoma ohladijo.
g) Vzemite kepico vanilijevega sladoleda in jo položite med dva piškota. Na robove sladoleda pritisnemo narezane jagode in sesekljan ananas.
h) Prelijemo s čokoladnim sirupom in prelijemo s stepeno smetano.
i) Sladoledne sendviče pred serviranjem postavite v zamrzovalnik za vsaj 1 uro, da se strdijo.

PIJAČE

44. Jagodno bananin lešnikov smoothie

SESTAVINE:
- 6-7 jagod
- ½ banane
- 1 skodelica mleka
- 1 ½ skodelice čokoladnega sladoleda
- 9-10 lešnikov
- 1 čokoladna palčka
- 1 piškotek

NAVODILA:
a) V mešalniku zmešajte mleko, jagode, banano in čokoladni sladoled. Mešajte, dokler ne dobite gladke zmesi.
b) Smoothie nalijte v kozarec, za piko na i pa ga okrasite s čokolado. Dodajte brownie in čokoladno palčko, da bo še bolj prijetno.
c) Smoothie postrezite ohlajen in uživajte v dobroti!

45. Banana Chai Cooler

Naredi: 2 obroka

SESTAVINE:
- ¾ skodelice čaja, ohlajenega
- ¾ skodelice vanilijevega sojinega mleka, ohlajenega
- 2 žlici zamrznjenega koncentrata jabolčnega soka, odmrznjenega
- ½ banane, narezane in zamrznjene

NAVODILA:
a) V mešalniku zmešajte čaj, sojino mleko, koncentrat jabolčnega soka in banano.
b) Mešajte, dokler ni gladka in kremasta.
c) Postrezite takoj.

46. Bananin smoothie iz satja

SESTAVINE:
- 1 zamrznjena banana
- 1 skodelica mandljevega mleka (ali mleka po vašem okusu)
- ¼ skodelice kosmičev iz satja
- 1 žlica medu
- Ledene kocke (neobvezno)

NAVODILA:
a) V mešalniku zmešajte zamrznjeno banano, mandljevo mleko, kosmiče iz satja in med.
b) Mešajte, dokler ni gladka in kremasta.
c) Po želji dodajte ledene kocke in ponovno premešajte.
d) Smoothie nalijte v kozarec.
e) Po vrhu okrasite s posipom iz satja.
f) Uživajte v tem smutiju iz kosmičev iz satja kot okusnem in nasitnem napitku.

47.in bananin koktajl Godiva

Naredi: 2 obroka

SESTAVINE:
- 2 unči likerja Godiva
- ½ unče Myers's Rum ali Kahlua
- ½ narezane banane
- ½ skodelice vaniljevega sladoleda
- Rezina banane (za okras)

NAVODILA:
a) V mešalnik vlijte 2 unči likerja Godiva.
b) V mešalnik dodajte ½ unče Myersovega ruma, narezano banano in ½ skodelice vanilijevega sladoleda.
c) Zmes mešajte, dokler ne postane gladka in dobro premešana.
d) Kremno zmes nadevamo v servirne kozarce.
e) Vsak kozarec okrasite z rezino banane.
f) Uživajte v čudovitem bananin koktajlu Godiva s čokolado!

48. Mocha bananin smoothie

SESTAVINE:
- 1 zrela banana
- 1 skodelica hladno kuhane kave
- ½ skodelice mleka (mlečnega ali rastlinskega)
- 1 žlica kakava v prahu
- 1 žlica medu ali sladila po izbiri
- Ledene kocke (neobvezno)

NAVODILA:
a) V mešalniku zmešajte zrelo banano, hladno kuhano kavo, mleko, kakav v prahu in med.
b) Mešajte, dokler ni gladka in kremasta.
c) Po želji dodajte ledene kocke in ponovno premešajte, da dobite ohlajen smoothie.
d) Nalijte v kozarec in uživajte v osvežilnem mocha bananin smoothiju.

49.Zajtrk Berry Banana Milkshake

Naredi: 2 porciji

SESTAVINE:
- 2 zreli banani, narezani na 1-palčne koščke
- ¼ skodelice borovnic
- 5 do 10 celih jagod, narezanih na četrtine in oluščenih
- ½ skodelice mleka

NAVODILA:
a) Združite sadje v plastični vrečki za zamrzovanje; zaprite in zamrznite za 3 ure čez noč.
b) Zamrznjeno sadje dajte v mešalnik ali predelovalec hrane. Če je sadje trdo kot kamen, naj se malo odmrzne.
c) Dodajte mleko in obdelajte, dokler ni gladka in gosta.
d) Nalijte v skodelice in postrezite z žlicami.

50.Banana-mango sojin smoothie

Naredi: 6 obrokov

SESTAVINE:
- 2 skodelici vanilije ali navadnega sojinega mleka
- 2 do 3 banane, narezane in zamrznjene
- 6 mangov, olupljenih, brez koščic, narezanih na kocke in zamrznjenih
- 1 žlica medu ali po okusu

NAVODILA:
a) Vse sestavine zmešajte v mešalniku.
b) Mešajte na visoki nastavitvi, dokler ni gladka in penasta.
c) Nalijemo v visoke kozarce.

BANANIN KRUH

51. Bananin kruh Samorog

SESTAVINE:
- 2-3 zrele banane, pretlačene
- ½ skodelice nesoljenega masla, stopljenega
- ¾ skodelice granuliranega sladkorja
- 1 veliko jajce
- 1 čajna žlička vanilijevega ekstrakta
- 1 ½ skodelice večnamenske moke
- 1 čajna žlička sode bikarbone
- ½ čajne žličke soli
- Barve za živila (različne barve)
- Jedilne bleščice ali barvni sladkor za okras (neobvezno)

NAVODILA:

a) Pečico segrejte na 180 °C (350 °F) in namastite pekač z maslom a pršilom za kuhanje.

b) V veliki posodi za mešanje zmešajte pretlačene banane, stopljeno maslo, granulirani sladkor, jajca in vanilijev ekstrakt. Dobro premešajte dokler se vse sestavine dobro ne povežejo.

c) V ločeni skledi zmešajte moko, sodo bikarbono in sol.

d) Bananini mešanici postopoma dodajajte suhe sestavine in mešajte dokler se le ne združijo. Pazite, da ne premešate preveč.

e) Testo razdelite v manjše sklede, odvisno od števila barv, ki jih želite uporabiti.

f) Dodajte nekaj kapljic jedilne barve v vsako skledo in mešajte, dokler ne dobite želene barve. Bodite ustvarjalni in mešajte različne barve, da ustvarite učinek vrtinčenja kot samorog.

g) Obarvano testo z žlico naložite v pripravljen pekač za hlebce, pri čemer izmenjujte barve, da ustvarite plasti, ali jih mešajte skupaj za učinek marmoriranja.

h) Z nožem za maslo ali nabodalom nežno premešajte barve skupaj za bolj marmoriran videz.

i) Izbirno: na vrh testa potresite jedilne bleščice ali barvni sladkor za pridih iskrice in čarobnosti.

j) Samorog bananin kruh pecite v predhodno ogreti pečici približno 50 60 minut oziroma dokler zobotrebec, ki ga zapičite v sredino, ne izstopi čist.

k) Kruh vzamemo iz pečice in pustimo, da se nekaj minut ohladi v pekaču. Nato ga prestavite na rešetko, da se popolnoma ohladi pred rezanjem.

l) Ko je samorog ohlajen, bananin kruh narežite na rezine in ga postrezite kot čudovito in vizualno privlačno poslastico za rojstni dan ali katero koli drugo priložnost.

52.Bananin kruh Funfetti

Naredi: 8 obrokov

SESTAVINE:
- 2 veliki banani, pretlačeni
- 1 žlica sveže iztisnjenega limoninega soka
- ⅓ skodelice nesoljenega masla, zmehčanega na sobno temperaturo
- ½ skodelice granuliranega sladkorja
- 1 veliko jajce in en beljak pri sobni temperaturi
- 1 ½ žličke pecilnega praška
- ½ čajne žličke sode bikarbone
- ½ čajne žličke soli
- 1 ¾ skodelice večnamenske moke, razprahnjene in izravnane
- ⅓ skodelice polnomastnega mleka
- ⅔ skodelice mavričnega posipa

VANILIJA GLAZURA:
- 1 ½ skodelice sladkorja v prahu
- 1 žlica nesoljenega masla, pri sobni temperaturi
- 2 žlici mleka, sobne temperature
- 1 čajna žlička vanilijevega ekstrakta

NAVODILA:
BANANIN KRUH FUNFETTI
a) Pečico segrejte na 350 stopinj F in izdatno namastite pekač za štruce velikosti 8,5 x 4,5 palca z razpršilom proti prijemanju ali maslom.
b) V skledi zmečkajte 1 skodelico zrelih banan in jih zmešajte z 1 žlico sveže iztisnjenega limoninega soka. To prepreči, da bi banane porjavele, in izboljša njihov okus. To mešanico postavite na stran.
c) V veliki skledi zmešajte ⅓ skodelice nesoljenega masla in ½ skodelice granuliranega sladkorja. Stepajte jih skupaj na srednji do visoki hitrosti 2-3 minute z uporabo ročnega ali stalnega mešalnika z nastavkom za stepanje. Nadaljujte, dokler mešanica ne postane svetlejša.
d) Pri srednji hitrosti vmešajte 1 veliko celo jajce in 1 beljak ter nadaljujte z mešanjem še eno minuto, dokler zmes ne postane puhasta in rahla. Z gumijasto lopatico po potrebi postrgajte stranice in dno posode.
e) Mešanici dodajte 1 ½ čajne žličke pecilnega praška, ½ čajne žličke sode bikarbone, sol in 1 skodelico večnamenske moke. Mešajte pri nizki hitrosti, dokler se le ne združi.

f) Nalijte ⅓ skodelice mleka in mešajte pri nizki hitrosti, dokler ni popolnoma mešana.
g) Dodajte preostalih ¾ skodelice moke in mešajte na nizki ravni, dokler niso več vidne nobene proge moke.
h) Mešanico pretlačene banane in limoninega soka pri nizki hitrosti mešajte, dokler ni popolnoma vmešana v testo. Zložite ⅔ skodelice mavričnega posipa.
i) Testo vlijemo v pripravljen pekač.
j) Pečemo na zgornji rešetki pečice 55-65 minut, pekač do polovice obrnemo, da se enakomerno zapečejo. Če opazite, da vrh štruce prehitro porjavi, pokrijte pekač s folijo, da preprečite prehitro zapečenost.
k) Hlebček vzamemo iz pečice in pustimo, da se 10 minut ohlaja v pekaču. Nato ga prenesite na rešetko, da se ohladi.

VANILIJA GLAZURA
l) V srednje veliki posodi zmešajte 1 ½ skodelice sladkorja v prahu, 1 žlico masla, 2 žlici mleka in 1 čajno žličko vanilijevega ekstrakta. Mešajte, dokler zmes ni gladka in brez grudic.
m) Upoštevajte, da se bo glazura med sedenjem strdila, zato jo pokrijte s plastično folijo, če je ne nameravate uporabiti takoj.
n) Glazuro prelijte čez ohlajen bananin kruh Funfetti in ga prelijte z dodatno ½ skodelice posipa za dodatno barvo in okus.

53. Bananin kruh s karamelo in posipi

Naredi: 10 obrokov

SESTAVINE:
- 1 palčka stopljenega masla
- ½ skodelice granuliranega sladkorja
- ½ skodelice pakiranega rjavega sladkorja
- 1 žlica vanilijevega ekstrakta
- 2 jajci
- 2 skodelici večnamenske moke
- 1 čajna žlička sode bikarbone
- ½ čajne žličke soli
- 1 (5 unč) posoda grškega jogurta
- 3 zelo zrele banane
- 1 skodelica karamele
- ½ skodelice pisanega posipa
- Način kuhanja: preprečite, da bi vaš zaslon potemnil

NAVODILA:

a) Pečico segrejte na 350 °F in izdatno namastite pekač 9x5.

b) Začnite s topljenjem masla. V prostorni skledi zmešajte stopljeno maslo, granulirani sladkor in pakiran rjavi sladkor. Dodajte vanilijev ekstrakt in jajca ter mešajte, dokler se ravno ne vključi.

c) V ločeni majhni skledi zmešajte večnamensko moko, sodo bikarbono in sol. Te suhe sestavine postopoma dodajajte mokri zmesi in mešajte, dokler se le ne združijo.

d) Nežno dodajte zrele banane, grški jogurt, koščke karamele in ¼ skodelice pisanega posipa. Testo vlijemo v pripravljen pekač za štruco in po vrhu potresemo preostali posip.

e) Pecite 55-65 minut ali dokler zobotrebec, ki ga zapičite v sredino, ne izstopi čist. Uživajte!

54. Reesejev bananin kruh

Naredi: 12

SESTAVINE:
- 1 skodelica granuliranega sladkorja
- ½ skodelice nesoljenega masla pri sobni temperaturi
- 2 stepena jajca
- 1 skodelica pretlačenih banan
- ½ skodelice polnomastnega mleka
- 1 čajna žlička vanilijevega ekstrakta
- 2½ skodelice + 1 žlica večnamenske moke (razdeljeno)
- 1 čajna žlička sode bikarbone
- 1 čajna žlička pecilnega praška
- ¼ čajne žličke košer soli
- 28 mini skodelic Reese (razdeljenih)

NAVODILA:

a) Pečico segrejte na 350 °F in pekač 9x5 izdatno namastite s pršilom za peko. Postavite ga na stran.
b) Odvijte 22 mini skodelic Reese, jih razrežite na četrtine in jih položite v majhno skledo z 1 žlico moke. Nežno jih pretresite, da se pokrijejo z moko. Preostalih 6 mini Reese's skodelic prerežite na pol in jih postavite na stran v drugo majhno skledo, da napolnite kruh pred peko.
c) V srednje veliki skledi zmešajte moko, sodo bikarbono, pecilni prašek in sol. To suho mešanico postavite na stran.
d) V veliki skledi z ročnim mešalnikom na srednji hitrosti stepite maslo in sladkor. Dodajte stepena jajca, pretlačeno banano in vanilijev ekstrakt. Mešajte, dokler se dobro ne poveže.
e) Masleni mešanici izmenično dodajte mešanico moke in mleko, začnite in končajte z mešanico moke. Mešajte pri nizki hitrosti in pazite, da testa ne zmešate preveč.
f) Z lopatko nežno zložite na četrtine narezane mini Reese skodelice v testo.
g) Testo enakomerno razporedite po pripravljenem pekaču. Preostale mini bonbone Reese, ki ste jih prerezali na pol, previdno položite na testo in jih lepo razporedite za predstavitev.
h) Kruh pecite 60-70 minut ali dokler zobotrebec, ki ga zapičite v sredino, ne izstopi čist. Po 45 minutah preverite svoj kruh in če postane preveč rjav, ga lahko rahlo pokrijete z aluminijasto folijo, da preprečite preveč rjavost.
i) Vzemite kruh iz pečice in ga pustite, da se ohlaja v pekaču 30 minut, preden ga prestavite na rešetko, da se ohlaja še eno uro.
j) Prepričajte se, da je Reese's Peanut Butter Banan Bread popolnoma ohlajen, preden ga narežete in postrežete.

55. Bananin kruh, ki ga je navdihnil Snickers

SESTAVINE:
- 2 skodelici samovzhajalne moke
- ⅔ skodelice rjavega sladkorja
- 1 čajna žlička cimeta
- ½ skodelice stopljenega kokosovega olja
- 250 gramov zelo zrelih pikčastih banan
- 1 čajna žlička vanilijevega ekstrakta
- 3 žlice karamelne omake
- 50 gramov temne čokolade, stopljene
- ½ skodelice praženih arašidov

NAVODILA:
a) Pečico segrejte na 175°C/350°F in pekač obložite s papirjem proti prijemanju.
b) V veliki skledi zmešajte moko in rjavi sladkor. V mešalniku zmešajte stopljeno kokosovo olje, banane in vanilijo, dokler ne nastane bananino "mleko".
c) Mokro mešanico dodajte suhim sestavinam in mešajte, dokler ne nastane gosta masa. Izbirno: dodajte svoje najljubše mešanice, kot so oreščki, čokolada, jagodičevje itd.
d) Testo prenesite v obložen pekač. Pecite v pečici 35-40 minut ali dokler vstavljeni nož ne pride ven čist.
e) Pustite, da se štruca popolnoma ohladi, preden jo okrasite. Štruco okrasite tako, da jo pokapljate s karamelno omako in stopljeno čokolado, nato pa jo prelijete s praženimi arašidi.
f) Shranjujte v nepredušni posodi pri sobni temperaturi do 3 dni, v hladilniku do 5 dni ali v zamrzovalniku do 1 meseca.

56. Bananin kruh M&M

Naredi: 12

SESTAVINE:
- 1 palčka zmehčanega soljenega masla
- ½ skodelice granuliranega sladkorja
- ½ skodelice pakiranega rjavega sladkorja (svetel ali rjav je v redu)
- 4 srednje do velike zrele banane, pretlačene
- 2 veliki jajci
- 1 čajna žlička čistega vanilijevega ekstrakta
- 2 skodelici večnamenske moke
- 1 čajna žlička sode bikarbone
- ½ čajne žličke košer soli
- 1 skodelica mini M&M's

NAVODILA:
a) Pečico segrejte na 350 stopinj F. Pekač za kruh velikosti 9 ½ x 5 ½ palcev rahlo popršite s pršilom za kuhanje.
b) Zmehčano maslo in sladkor stepamo tako dolgo, da se dobro povežejo. Vmešajte pretlačene banane, jajca in vanilijo ter premešajte, da se dobro povežejo.
c) Vmešajte večnamensko moko, sodo bikarbono, sol in M&M's. Nadaljujte z mešanjem, dokler se vse sestavine dobro ne povežejo, nato pa maso prenesite v pekač za kruh.
d) Pecite 55-60 minut oziroma dokler kruh ni pečen. Pustite, da se popolnoma ohladi, nato pa ga narežite na rezine in uživajte!

57. Lucky Charms marshmallow bananin kruh

SESTAVINE:
ZA BANANIN KRUH:
- 1 ⅓ skodelice granuliranega sladkorja
- ½ skodelice masla sobne temperature
- 2 jajci
- ½ skodelice pinjenca
- 1 čajna žlička sode bikarbone
- 1 čajna žlička pecilnega praška
- 2 skodelici večnamenske moke
- 1 čajna žlička vanilijevega ekstrakta
- 1 ¼ skodelice zmečkanih zrelih banan
- 1 skodelica Lucky Charms marshmallow

ZA GLAZURO:
- 2 zvrhani skodelici sladkorja v prahu
- 1 ½ čajne žličke vanilijevega ekstrakta
- ¼ skodelice mleka (dodajte več, da dosežete želeno konsistenco)
- Zeleni živilski gel (neobvezno)
- Lucky Charms marshmallows za okras

NAVODILA:
ZA BANANIN KRUH:
a) Začnite z mešanjem sladkorja in masla sobne temperature.
b) Dodajte jajca, eno za drugim, dobro premešajte po vsakem dodajanju (za najboljše rezultate uporabite mešalnik).
c) V ločeni posodi vmešajte sodo bikarbono v pinjenec in nato to mešanico dodajte kremasti zmesi.
d) Pecilni prašek presejemo z moko in vmešamo v smetanovo zmes.
e) Dodajte vanilijev ekstrakt in pretlačene banane ter mešajte, dokler se dobro ne združita.
f) Z lopatko nežno zložite marshmallowe Lucky Charms.
g) Testo vlijemo v pomaščen in pomokan pekač velikosti 9"x 5" (uporabite lahko tudi 4 mini pekače).
h) Pecite pri 300 stopinjah F približno 1 uro in pol ali dokler zobotrebec, ki ga zapičite v štruco, ne izstopi čist (čas peke skrajšajte na 50–60 minut za male štruce).
i) Pustite, da se kruh ohladi 20-30 minut, preden ga vzamete iz pekača.

ZA GLAZURO:
j) V skledo dodajte sladkor v prahu in mešajte mleko in vanilijev ekstrakt, dokler zmes ne postane podobna gostemu testu. Na začetku se lahko zdi grudasto, vendar nadaljujte z mešanjem in se bo združilo.
k) Po želji dodamo zeleni živilski gel in mešamo, dokler glazura ne dobi zelene barve.
l) Ohlajen bananin kruh prelijemo z glazuro.
m) Po vrhu potresite še nekaj Lucky Charms marshmallowa. Izbira je vaša!

58. Bananin kruh s cimetom in pekanom

Naredi: 12

SESTAVINE:
ZA BANANIN KRUH:
- ¾ skodelice masla
- 1 ¼ skodelice rjavega sladkorja
- 2 jajci, rahlo stepeni
- 4 zrele banane, pretlačene (bolj zrele, bolje je)
- 1 žlica čistega vanilijevega ekstrakta
- 2 čajni žlički cimeta
- ¼ skodelice pinjenca
- 2 skodelici moke
- 1 čajna žlička sode bikarbone
- 1 čajna žlička pecilnega praška
- ½ čajne žličke soli
- 1 skodelica sesekljanih in rahlo popečenih orehov orehov

ZA PRELIV:
- ¼ skodelice masla
- ½ skodelice rjavega sladkorja
- 1 čajna žlička cimeta
- ½ skodelice sesekljanih pekanov ali orehov, rahlo opečenih
- Ščepec soli, če uporabljate nesoljeno maslo (sicer izpustite)

NAVODILA:
PRIPRAVA KRUHA:
a) Pečico segrejte na 350 °F (175 °C). Po želji namastite velik pekač za štruco ali mini pekač.
b) V posodi za mešanje penasto zmešamo maslo in sladkor. Dodajte jajca, pretlačene banane, vanilijev ekstrakt, cimet in pinjenec. Dobro premešaj.
c) V ločeni skledi presejte moko, sodo bikarbono, pecilni prašek in sol. Suho mešanico dodajte mokri mešanici banan in nežno premešajte, da se združi.
d) Ko se združi, dodajte sesekljane orehe. Pazite, da ne premešate preveč, nato pa testo za bananin kruh vlijte v pekač ali pekače.
e) Časi pečenja se razlikujejo glede na velikost uporabljenih pekačev. Če uporabljate pekač 9 x 5 x 3 palcev, pecite 50-60 minut ali dokler zobotrebec ne izstopi čist. Manjši pekači bodo potrebovali krajši čas pečenja. Medtem ko se kruh peče pripravimo preliv.

IZDELAVA PRELIVA:
f) Ogrevajte brojlerja z rešetko za pečico, ki je nameščena na vrhu.
g) V majhni kozici na srednje nizkem ognju raztopite maslo s sladkorjem in cimetom. Pustite vreti in mešajte, dokler se ves sladkor ne raztopi, zmes pa začne brbotati in se zgosti, približno 2-3 minute. Ugasnite ogenj in vmešajte orehe.
h) Z zobotrebcem ali vilicami naredite luknje na vrhu pečenega kruha, da lahko preliv prodre v kruh.
i) Bananin kruh prelijemo s prelivom in ga z nožem za maslo enakomerno razporedimo.
j) Kruh postavite pod brojlerje za 1 minuto. Odstranite ga iz pečice in pustite, da se ohladi na sobni temperaturi.

59. Orehov bananin kruh

Naredi: 16 rezin

SESTAVINE:
- 2 veliki zreli banani
- 2 veliki jajci
- ½ skodelice granuliranega sladila
- ¼ skodelice stopljenega masla ali kokosovega olja
- 1 čajna žlička vanilijevega ekstrakta
- 2 skodelici mešanice za peko
- 1 čajna žlička pecilnega praška
- ½ čajne žličke sode bikarbone
- ½ čajne žličke soli
- ½ čajne žličke mletega cimeta
- ½ skodelice sesekljanih orehov

NAVODILA:
a) Pečico segrejte na 350 °F (175 °C). Pekač standardne velikosti namastite ali obložite s peki papirjem.
b) Zrele banane v skledi z vilicami zmečkajte do gladkega.
c) Pretlačenim bananam dodajte jajca, sladilo, stopljeno maslo ali kokosovo olje in vanilijev ekstrakt. Dobro premešajte, dokler se vse sestavine ne povežejo.
d) V ločeni skledi zmešajte mešanico za peko, pecilni prašek, sodo bikarbono, sol in mleti cimet (če ga uporabljate).
e) Postopoma dodajte mešanico suhih sestavin k mokrim sestavinam in mešajte, dokler ne nastane gladka masa. Pazite, da ne premešate; samo mešajte, dokler se sestavine ne povežejo.
f) Če dodajate sesekljane oreščke, jih vmešajte v testo.
g) Testo za bananin kruh vlijemo v pripravljen pekač in ga enakomerno porazdelimo.
h) Pecite v predhodno ogreti pečici približno 45-55 minut oziroma dokler zobotrebec ali testo za pecivo, ki ga zapičite v sredino, ne pride ven čisto.
i) Pustite, da se bananin kruh približno 10 minut hladi v pekaču, nato pa ga prestavite na rešetko, da se popolnoma ohladi.
j) Ko se ohladi, narežite bananin kruh in uživajte!

60. Macadamia bananin kruh

Naredi: 6

SESTAVINE:
- 1 skodelica (145 g) avstralske makadamije, plus dodatek za serviranje
- 140 g nesoljenega masla in dodatno stopljeno maslo za ščetkanje
- ½ skodelice (110 g) zlatega sladkorja ali sladkorja v prahu
- 1 jajce
- 1 ½ skodelice (225 g) presejane navadne moke
- ¾ čajne žličke pecilnega praška, presejanega
- ⅓ skodelice (80 ml) pinjenca
- ½ čajne žličke vanilijevega ekstrakta
- 2 majhni banani, narezani
- 2 žlici demerara sladkorja
- Med (neobvezno), za serviranje

NAVODILA:
a) Pečico segrejte na 180 °C in namastite šest pekačev za štruce velikost ¾ skodelice.
b) Polovico makadamij zmeljemo v kuhinjskem robotu, dokler ne postanejo fini obroki. Preostale makadamije grobo sesekljajte.
c) Maslo in sladkor v prahu dajte v skledo električnega mešalnika in stepajte, dokler zmes ni svetla in puhasta. Dodamo jajce in dobro stepemo. Dodamo moko, pecilni prašek, mlete makadamije, pinjenec in vanilijev ekstrakt.
d) Maso enakomerno razporedite po pripravljenih pekačih, nato pa na vrh položite rezine banan in sesekljane makadamije. Po vrhu premažemo s stopljenim maslom in potresemo z demerara sladkorjem
e) Pečemo približno 30 minut oziroma toliko časa, da kruh zlato porumeni. Pustite, da se nekoliko ohladi, preden ga obrnete ven. Postrezite toplo in po želji pokapajte z medom.

61. Biscoff bananin kruh

SESTAVINE:

- 2 skodelici večnamenske moke
- 1 čajna žlička pecilnega praška
- ½ čajne žličke sode bikarbone
- ½ čajne žličke soli
- ½ skodelice nesoljenega masla, zmehčanega
- 1 skodelica granuliranega sladkorja
- 2 veliki jajci
- 1 čajna žlička vanilijevega ekstrakta
- 3 zrele banane, pretlačene
- ½ skodelice Biscoff namaza

NAVODILA:

a) Pečico segrejte na 350 °F (175 °C) in namastite 9x5-palčni pekač za štruce.
b) V srednji skledi zmešajte moko, pecilni prašek, sodo bikarbono in sol.
c) V ločeni veliki skledi penasto zmešajte maslo in sladkor, dokler ne postane svetlo in puhasto.
d) Eno za drugim stepemo jajca, nato pa vanilijev ekstrakt.
e) Vmešajte pretlačene banane in biskofov namaz, da se dobro povežeta
f) Postopoma dodajajte suhe sestavine mokrim sestavinam in mešajte dokler se le ne povežejo.
g) Testo vlijemo v pripravljen pekač za hlebce, tako da zgladimo vrh.
h) Pecite 60-70 minut ali dokler zobotrebec, ki ga zapičite v sredino, ne izstopi čist.
i) Odstranite iz pečice in pustite, da se bananin kruh 10 minut hladi v pekaču, nato pa ga prestavite na rešetko, da se popolnoma ohladi, preden ga narežete.

62. Nutella vrtinčen bananin kruh

Naredi: 2 štruci bananinega kruha Nutella

SESTAVINE:
- ½ skodelice zmehčanega masla
- 1 skodelica sladkorja
- ¼ skodelice rjavega sladkorja
- 2 jajci
- 2 skodelici moke
- 1 čajna žlička sode bikarbone
- 1 čajna žlička vanilijevega ekstrakta
- ¼ čajne žličke soli
- 3-4 banane (ali 2 skodelici pretlačenih banan)
- 4 žlice Nutelle

NAVODILA:
a) Pečico segrejte na 350.
b) Maslo in beli sladkor stepemo do mešanice. Nato dodajte jajca.
c) V skledi zmešajte moko, sodo bikarbono in sol. Dati na stran.
d) V manjši skledi pretlačimo banane z rjavim sladkorjem. Ko je pretlačen in rahlo tekoč, dodajte vanilijo.
e) Masleni mešanici dodajte mešanico moke in mešajte, dokler se le ne združi.
f) Nato dodamo pretlačene banane in dobro premešamo.
g) Vlijemo v dva manjša pekača (že namazana).
h) V vsako posodo stresite 2 žlici Nutelle.
i) Pecite 45-50 minut ali dokler tester za torte ne pride ven čist.

63. Bananin kruh z datljevo marmelado

SESTAVINE:
KOKOSOVO-OREHOV PRELIV:
- ¼ skodelice grobo sesekljanih orehov
- ⅓ skodelice večnamenske moke
- ¼ skodelice nesladkanih kokosovih kosmičev
- ¼ skodelice pakiranega temno rjavega sladkorja
- 3 žlice nesoljenega masla, pri sobni temperaturi ali stopljenega
- ½ čajne žličke mletega cimeta
- ½ čajne žličke košer soli

BANANIN KRUH:
- 8 žlic nesoljenega masla, stopljenega, plus več za ponev
- 1 ½ skodelice večnamenske moke in več za ponev
- 1 skodelica pakiranega temno rjavega sladkorja
- 3 zrele banane, pretlačene
- 6 datljev Medjool, izkoščičenih in grobo narezanih (približno ½ skodelice)
- ⅓ skodelice polnomastnega jogurta ali kisle smetane
- 2 veliki jajci
- 1 čajna žlička vanilijevega ekstrakta
- ½ skodelice nesladkanega naribanega kokosa
- 1 ½ čajne žličke sode bikarbone
- 1 čajna žlička mletega cimeta
- 1 čajna žlička košer soli
- ⅓ skodelice rahlo opečenih in sesekljanih orehov (neobvezno)
- Slano maslo, sol v kosmičih, med in datljev džem (spodaj) za serviranje

DATUM JAM:
- 20 datljev Medjool brez koščic

NAVODILA:
NAREDITE KOKOSOVO-OREHOV PRELEV:
a) V srednji skledi zmešajte orehe, moko, kokosove kosmiče, rjavi sladkor, maslo, cimet in košer sol. Mešajte, dokler ne nastane drobtinasta struktura. Dati na stran.

NAREDITE BANANIN KRUH:
b) Pečico segrejte na 350°F. Pomaslite in pomokajte 8 ½ x 4 ½-palčni pekač za štruce.

c) V veliki skledi z ročnim mešalnikom ali metlico zmešajte stopljeno maslo z rjavim sladkorjem, bananami, datlji, jogurtom ali kislo smetano, jajci in vanilijo. Datlje in banane poskusite čim bolje razdrobiti.

d) V drugi veliki skledi zmešajte moko, nastrgan kokos, sodo bikarbono, cimet in košer sol.

e) Dodajte polovico mešanice moke v mešanico banan in mešajte, dokler se ravno ne poveže. Ponovite s preostalo mešanico moke. Dodamo orehe (če jih uporabljamo) in testo vlijemo v pripravljen pekač.

f) Preliv iz drobtin potresemo po testu, nato pa testo nežno pritisnemo s prsti, da se nekaj preliva potisne v kruh.

g) Pekač položite na pekač (da ujamete morebitne kaplje) in pecite, dokler nabodala ali tester za torte ne pridejo ven čisti, 1 uro do 1 uro 15 minut. Če začne kruh preveč temneti, ga pokrijte s folijo. Malo ohladimo.

SLUŽITI:
h) Narežite bananin kruh in ga prelijte z maslom, potresite s soljo, kančkom medu in po želji marmelado.

DATUM JAM:
i) V majhnem loncu zmešajte datlje z 2 skodelicama vode. Na zmernem ognju dušimo datlje, ko jih razdrobimo z žlico.

j) Ko začnejo razpadati, po 3 do 5 minutah zmes prenesite v mešalnik in mešajte, dokler ni kremasta.

k) Mešanico prenesite nazaj v lonec in kuhajte na srednjem ognju, dokler se ne zgosti do marmelade, 5 do 10 minut.

l) Lonec odstavite z ognja in pustite, da se marmelada ohladi, preden jo v kozarcu shranite v hladilniku za največ 1 teden.

m) Uživajte v okusnem datljevem bananin kruhu s kokosovo-orehovimi prelivi in datljevo marmelado!

64. Bananin kruh s pomarančno marmelado

Naredi: 1 kruh

SESTAVINE:
- 2 skodelici večnamenske moke
- 1 čajna žlička sode bikarbone
- ½ čajne žličke pecilnega praška
- ½ čajne žličke cimeta
- ½ čajne žličke mletega muškatnega oreščka
- ½ čajne žličke soli
- ¾ skodelice sladkorja
- ½ skodelice pomarančne marmelade
- ⅓ skodelice rastlinskega olja
- 2 veliki jajci
- 3 srednje zelo zrele banane
- ¼ skodelice pomarančnega soka
- 1 čajna žlička vanilijevega ekstrakta

NAVODILA:
a) Pečico segrejte na 350 stopinj Fahrenheita (175 stopinj Celzija). Namastite pekač za hlebce 9" x 5" x 3".
b) V skledi zmešajte večnamensko moko, sodo bikarbono, pecilni prašek, cimet, mleti muškatni orešček in sol. To suho mešanico postavite na stran.
c) V mešalniku (ali z uporabo ročnega mešalnika in sklede), nastavljenem na srednjo hitrost, stepajte sladkor, pomarančno marmelado in rastlinsko olje 2-3 minute ali dokler zmes ni svetla in puhasta.
d) Dodajte jajca eno za drugo, stepajte po vsakem dodajanju.
e) Zrele banane pretlačite in jih dodajte sladkorni mešanici. Temeljito stepajte, dokler se vse sestavine dobro ne premešajo.
f) Dodajte mešanico suhe moke v mešanico banan in stepajte še 1-2 minuti, da se sestavine dobro premešajo.
g) Primešajte pomarančni sok in vanilijev ekstrakt.
h) Testo vlijemo v pripravljen pekač.
i) Pecite 50-55 minut oziroma dokler testo za torto, vstavljeno v sredino, ne pride ven čisto.
j) Pustite, da se kruh ohladi v pekaču 15 minut.
k) Odstranite kruh iz pekača in pustite, da se še ohladi na rešetki za torte.
l) Ta bananin kruh s pomarančno marmelado služi za 8-10 oseb in je odlična poslastica. Uživajte!

65. Arašidovo maslo in žele bananin kruh

SESTAVINE:
- 8 žlic (1 palčka) nesoljenega masla, plus več za ponev, pri sobni temperaturi
- 1 ¼ skodelice nebeljene večnamenske moke
- 1 čajna žlička sode bikarbone
- ½ čajne žličke fine soli
- ¾ skodelice arašidovega masla
- ½ čajne žličke čistega vanilijevega ekstrakta
- 2 veliki jajci, pri sobni temperaturi
- 1 skodelica sladkorja
- 3 zelo zrele banane, olupljene in pretlačene z vilicami (približno 1 skodelica)
- ¾ skodelice sesekljanih arašidov
- ¾ skodelice jagodnih konzerv

NAVODILA:
a) Pečico segrejte na 350 stopinj Fahrenheita (175 stopinj Celzija). Pekač za hlebce velikosti 9 x 5 x 3 palcev rahlo premažite z maslom.
b) V srednje veliko skledo presejte moko, sodo bikarbono in sol. Dodajte arašidovo maslo in premešajte, da se združi.
c) Vanilijo in jajca stepemo v merilno posodo za tekočino z nastavkom. Dati na stran.
d) V stojnem mešalniku, opremljenem z nastavkom za lopatice, ali z električnim ročnim mešalnikom penasto stepajte maslo in sladkor, dokler ne postaneta svetla in puhasta.
e) Med stepanjem postopoma prilivamo jajčno zmes; stepajte, dokler se ne vključi.
f) Zmešajte pretlačene banane (testo bo videti sesirjeno, vendar ne skrbite), nato odstranite posodo iz mešalnika.
g) Z gumijasto lopatico vmešajte mešanico moke, dokler ni ravnokar vmešana. Dodajte ½ skodelice sesekljanih arašidov.
h) Dodajte dve tretjini testa v pripravljen pekač.
i) Po testu razporedite ½ skodelice jagodnih konzerv, pazite, da med konzervami in stranicami pekača pustite ½-palčni rob.
j) Preostalo testo razporedite po plasti konzerv.
k) Pecite, dokler zobotrebec, ki ga zapičite v sredino kruha, ne izstopi čist, približno 55 minut.
l) Kruh v pekaču na rešetki hladite 5 minut, nato pa kruh obrnite iz pekača na rešetko.
m) Ko se nekoliko ohladi, a je še vedno topel, po vrhu razporedite preostalo ¼ skodelice jagodnih konzerv. Potresemo s preostalo ¼ skodelico sesekljanih arašidov.
n) Pustite, da se popolnoma ohladi, preden ga narežete in postrežete.
o) Uživajte v kruhu z arašidovim maslom in žele banano!

66. Medeni bananin kruh

SESTAVINE:
- ½ skodelice nesoljenega masla, stopljenega in ohlajenega
- ½ skodelice surovega in nefiltriranega medu Local Hive™ Clover
- 2 veliki jajci, sobne temperature
- 1 čajna žlička vanilijevega ekstrakta
- 1 ½ skodelice pretlačenih prezrelih banan
- 2 skodelici večnamenske moke (stehtane v gramih ali na žlico ir poravnane)
- 1 čajna žlička sode bikarbone
- ½ čajne žličke mletega cimeta
- ½ čajne žličke soli

NAVODILA:
a) Pečico segrejte na 350°F (175°C). Pekač za štruce s premerom 8-9 palcev namastite s sprejem proti sprijemanju in ga obložite pergamentnim papirjem, nekaj papirja pa pustite ob straneh.
b) V veliki skledi zmešajte stopljeno maslo in med, dokler se dobro ne združita.
c) Vmešajte vanilijev ekstrakt, jajca sobne temperature in pretlačene banane.
d) Univerzalno moko, sodo bikarbono, sol in mleti cimet vmešajte v mokre sestavine in mešajte, dokler ne izginejo suhe proge.
e) Testo za medeno bananin kruh vlijemo v pripravljen pekač.
f) Pecite v predhodno ogreti pečici približno 55-70 minut oziroma dokle zobotrebec, ki ga zapičite v sredino, ne izstopi čist.
g) Pustite, da se štruca ohladi v pekaču, dokler ni topla na dotik, nato pa jo dvignite iz pekača tako, da primete stranice pergamentnega papirja
h) Uživajte v domačem medeno bananin kruhu!

67. Bananin kruh s spirulino

Naredi: 1 štruco
SESTAVINE:
MOKRE SESTAVINE
- 3 zrele banane
- ¼ skodelice kokosovega olja, stopljenega
- ½ skodelice medu
- 1 čajna žlička vaniljeve esence
- 1 chia jajce (glejte 2. korak spodaj)

SUHE SESTAVINE
- 1 in ½ skodelice ovsene moke (tudi mleti oves bo prav)
- 2 čajni žlički organske spiruline v prahu
- ¾ skodelice mandljevega zdroba
- 1 čajna žlička pecilnega praška
- ½ čajne žličke sode bikarbone
- ¼ čajne žličke soli
- 1 skodelica sesekljanih orehov (½ za mešanje in ½ za preliv)

NAVODILA:

a) Pečico segrejte na 350°F (180°C). Pekač s premerom 8 cm obložite z namazom iz oljčnega olja in položite papir za peko, tako da visi čez stranice. Tako boste pečeno štruco lažje dvignili.
b) Chia jajca pripravite tako, da 1 žlico chia semen zmeljete v fin prah. To zmešajte z 2 žlicama vode, premešajte in pustite 15 minut. Ta kombinacija je nadomestilo za 1 jajce.
c) Pripravite suhe sestavine. Zmešajte mlete mandlje, mleto ovseno moko, pecilni prašek, sodo bikarbono, sol in spirulino v prahu. Postavite jih na stran.
d) V drugi posodi za mešanje pretlačite banane.
e) Z električnim mešalnikom zmešajte vse ostale mokre sestavine: chia jajce (rjava gnjecava mešanica), kokosovo olje, vanilijevo esenco in med.
f) Vse suhe sestavine dodajte mokrim sestavinam. Ponovno stepajte, dokler ni dobro premešano, pri čemer pazite, da ne ostane moka.
g) Po nekaj minutah mešanja boste dobili živahno zeleno testo.
h) Dodajte in zložite polovico 1 skodelice sesekljanih orehov.
i) Zeleno testo vlijemo v pripravljen pekač za hlebce in pečemo 45 minut ali dokler nož, vstavljen v sredino, ne pride ven z nekaj drobtinami, ki niso zelo mokre.
j) Ko je vaš bananin kruh Spirulina pečen, je pripravljen za uživanje sam ali ob vaši najljubši skodelici čaja ali kave.

68. Bananin kruh z morskim mahom

Naredi: 4

SESTAVINE:
- 4 žlice gela morskega mahu
- 2 skodelici večnamenske moke
- 1 čajna žlička pecilnega praška
- ½ čajne žličke sode bikarbone
- ¼ čajne žličke soli
- 2 ¼ skodelice zmečkanih zrelih banan
- ½ skodelice nesoljenega masla
- 2 jajci
- 1 čajna žlička vanilijevega ekstrakta

NAVODILA:
a) Pečico segrejte na 350 stopinj F.
b) V skledi zmešajte moko pecilni prašek, sodo bikarbono in sol. V ločeni skledi zmešajte smetano, sladkor in maslo, nato pa zmešajte vanilijev ekstrakt, jajca, pretlačeno banano in gel morskega mahu. Mokro mešanico zmešajte s suho mešanico v testo.
c) Testo vlijemo v pripravljen pekač in pečemo, dokler zobotrebec ne izstopi čist, ko ga zapičimo v bananin kruh (približno ena ura peke).

69. Bananin kruh z morskimi algami in wakamejem

SESTAVINE:
- 115 g masla
- 2 žlici javorjevega sirupa
- 2 jajci
- 115 g samovzhajalne moke
- Ščepec soli
- 55 g polnozrnate moke
- 1 žlica cimeta
- 3 zrele banane
- 2 žlici vanilijevega ekstrakta
- Po želji sesekljani pekani/orehi
- 20 g drobno sesekljane alge Wakame

NAVODILA:
a) Pečico segrejte na 180 stopinj Celzija (350 stopinj Fahrenheita) in pekač za hlebce obložite z mastnim papirjem.
b) Z električnim mešalnikom stepamo maslo in javorjev sirup, dokler ne postaneta rahla in puhasta.
c) Mešanici dodajajte jajca enega za drugim, pazite, da so dobro vmešana.
d) Mešanici dodajte suhe sestavine, vključno s samovzhajajočo moko, cimetom, polnozrnato moko in ščepcem soli.
e) Zrele banane pretlačite z vilicami in jih dodajte zmesi.
f) Sestavine rahlo premešamo, da se vse lepo poveže.
g) V testo dodajte drobno sesekljane alge Wakame . To bo vašemu bananinemu kruhu dalo edinstven pridih in kanček umami okusa.
h) Če želite, lahko dodate tudi sesekljane orehe ali orehe za dodatno teksturo in okus.
i) Pripravljeno maso vlijemo v obložen pekač.
j) Pecite v predhodno ogreti pečici približno 50-60 minut oziroma dokler zobotrebec, ki ga zapičite v sredino, ne izstopi čist.
k) Bananin kruh pustite stati približno 10 minut, preden ga prestavite na rešetko, da se popolnoma ohladi.
l) Ko se ohladi, narežite in uživajte v bananin kruhu z morskimi algami s čudovitim dodatkom morskih alg Wakame !

70. Bananin kruh, začinjen s čajem

Naredi: en hlebček

SESTAVINE:
- 1 palčka (½ skodelice) nesoljenega masla, zmehčanega
- 1 skodelica granuliranega sladkorja
- 2 veliki jajci, pri sobni temperaturi
- 1½ skodelice večnamenske moke, odmerjene in poravnane z nožem
- 1 čajna žlička sode bikarbone
- ¾ čajne žličke mletega kardamoma
- ¾ čajne žličke cimeta
- ¼ čajne žličke mletega ingverja
- ¼ čajne žličke pimenta
- ¾ čajne žličke soli
- 1 skodelica pretlačenih zelo zrelih banan (kar ustreza 2-3 bananam)
- ½ skodelice kisle smetane
- 1 čajna žlička vanilijevega ekstrakta
- ½ skodelice sesekljanih orehov (neobvezno)

NAVODILA:

a) Pečico segrejte na 350 °F (175 °C) in izdatno namastite pekač za štruce 9 x 5 palcev z razpršilom za kuhanje proti prijemanju.

b) V veliki skledi ali z električnim mešalnikom z lopatico stepajte skupaj zmehčano maslo in sladkor, dokler zmes ne postane rahla in puhasta. To naj bi trajalo približno 2 minuti. Dodajte jajca eno za drugim, tako da se po vsakem dodajanju dobro vmešajo. Ne pozabite postrgati po stenah sklede.

c) V ločeni srednje veliki skledi zmešajte moko, sodo bikarbono, kardamom, cimet, ingver, piment in sol. To suho mešanico dodajte masleni mešanici in nežno stepajte, dokler se le ne združi.

d) Nato dodajte pretlačene banane, kislo smetano in vanilijev ekstrakt ter mešajte pri nizki hitrosti, dokler se sestavine popolnoma ne premešajo. Če uporabljate orehe, jih nežno vmešajte v testo.

e) Pripravljeno maso vlijemo v pomaščen pekač. Pecite v predhodno ogreti pečici, dokler kruh ne postane globoko zlato rjave barve in testo za pecivo, ki ga vstavite v sredino, ne pride ven čisto. To običajno traja približno 60-70 minut.

f) Pustite, da kruh počiva v pekaču približno 10 minut, preden ga prestavite na rešetko za hlajenje, da se popolnoma ohladi. Za najboljšo izkušnjo uživajte v tem bananinem kruhu, ko je še topel iz pečice, ali pa ga popecite za čudovito poslastico.

g) Ta bananin kruh lahko zamrznete do 3 mesece. Ko je popolnoma ohlajen, ga varno zavijte v aluminijasto folijo, zamrzovalno folijo ali postavite v vrečko za zamrzovanje. Ko ga boste pripravljeni ponovno uživati, ga preprosto odtajajte čez noč v hladilniku, preden ga postrežete.

71. Bananin kruh z bučnimi začimbami

Naredi: 10 obrokov

SESTAVINE:
ZA KRUH:
- 2 prezreli banani
- ¾ skodelice granuliranega sladkorja
- ½ skodelice rastlinskega olja
- 2 veliki jajci
- ½ čajne žličke soli
- 1 čajna žlička vanilijevega ekstrakta
- 1 čajna žlička sode bikarbone
- 1 ½ žličke začimbe za bučno pito
- 7 žlic kislega mleka
- 2 skodelici (248 g) večnamenske moke

ZA GLAZURO:
- 1 ¾ skodelice sladkorja v prahu
- ¼ čajne žličke soli
- 1 čajna žlička začimbe za bučno pito
- 1 ½ čajne žličke vanilijevega ekstrakta
- 2-3 žlice težke smetane za stepanje

NAVODILA:

a) Pečico segrejte na 350 °F (175 °C). Pekač za štruce velikosti 9 x 5 palcev ali 8 x 4 palcev namažite z maslom ali maslom in ga potresite s sladkorjem. Za oblaganje s sladkorjem pekač najprej namastimo, nato pa v pekač dodamo približno 2 žlici sladkorja.

b) Ponev nagibajte z ene strani na drugo, dokler niso dno in stranice enakomerno prekrite s sladkorjem. Masla ne zamenjajte z razpršilom za kuhanje. Če raje izpustite korak dodajanja sladkorja, lahko uporabite samo pršilo za kuhanje.

c) V veliki skledi pretlačite banane z vilicami ali stiskalnikom za krompir. Z leseno žlico ali lopatko vmešajte rastlinsko olje, granulirani sladkor in jajca. Mešanico odstavite.

d) Bananini mešanici dodajte začimbo za bučno pito, sol, sodo bikarbono in vanilijev ekstrakt ter mešajte, dokler se dobro ne združi.

e) Zmešajte večnamensko moko in kislo mleko ter mešajte, dokler se ravno ne meša. Testo vlijemo v pripravljen pekač.

f) Pecite v predhodno ogreti pečici 45-60 minut oziroma dokler zobotrebec, ki ga zapičite v sredino, ne izstopi čist. Robovi bodo imeli lepo temno rjavo barvo, na sredini pa bo razpoka. Širok razpon časa kuhanja je posledica razlik v zmogljivosti pečice. Prepričajte se, da uporabljate kovinsko posodo, ne stekleno.

g) Pustite, da se kruh popolnoma ohladi v pekaču, preden ga odstranite in pokrijete z glazuro.

ZA GLAZIDO:

h) V srednje veliki skledi zmešajte sladkor v prahu, začimbe za bučno pito in sol.

i) Stepite vanilijev ekstrakt in 1 žlico težke smetane za stepanje ter po potrebi dodajte več smetane, da dosežete želeno gostoto (do 3 žlice).

j) Zamrznite bananin kruh in ga ohladite, da strdi. Zamrznjen kruh hranite v nepredušni posodi do 3 dni ali pa ga narežite in zamrznite do 1 meseca. Uživajte!

72. Bananin kruh s cimetom

Naredi: 10 rezin

SESTAVINE:
ZA KRUH:
- ½ skodelice nesoljenega masla, zmehčanega (115 gramov)
- ½ skodelice granuliranega sladkorja (100 gramov)
- ¼ skodelice svetlo rjavega sladkorja (50 gramov)
- 2 veliki jajci, pri sobni temperaturi
- 1 čajna žlička čistega vanilijevega ekstrakta
- 2 skodelici pretlačenih banan (440 gramov; približno 4 velike banane)
- 2 skodelici večnamenske moke, po žlicah in poravnani (250 gramov)
- 1 čajna žlička pecilnega praška
- ½ čajne žličke sode bikarbone
- 1 čajna žlička mletega cimeta
- ½ čajne žličke soli

CIMETOV SLADKORNI VRTILEC:
- ¼ skodelice granuliranega sladkorja (50 gramov)
- 2 žlički mletega cimeta

NAVODILA:

a) Pečico segrejte na 350 °F (180 °C). Pekač za štruce velikosti 9 x 5 palcev namastite z razpršilom za kuhanje proti prijemanju, ga obložite s pergamentnim papirjem in postavite na stran.
b) V veliki skledi z ročnim mešalnikom ali stojnim mešalnikom, opremljenim z nastavkom za lopatico, stepajte skupaj zmehčano maslo, granulirani sladkor in rjavi sladkor, dokler zmes ne postane rahla in puhasta, kar naj traja približno 3 do 4 minute.
c) Dodajte jajca in vanilijev ekstrakt ter po vsakem dodatku temeljito premešajte. Nato v mešanico vmešajte pretlačene banane.
d) V ločeni posodi za mešanje zmešajte večnamensko moko, pecilni prašek, sodo bikarbono, sol in mleti cimet.
e) Zmešajte suhe sestavine z mokrimi sestavinami, pri čemer pazite, da testa ne zmešate preveč.
f) Če želite ustvariti vrtinec s cimetovim sladkorjem, zmešajte granulirani sladkor in mleti cimet v ločeni skledi.
g) Za eno plast cimetovega sladkorja vlijte približno polovico testa za bananin kruh v pekač, po vrhu potresite mešanico cimetovega sladkorja in nato na vrh vlijte preostalo testo.
h) Za dvojno plast cimetovega sladkorja vlijemo približno eno tretjino testa v pekač, po vrhu potresemo polovico mešanice cimetovega sladkorja in ponovimo plasti, zaključimo z zadnjo tretjino testa.
i) Pečemo 55 do 65 minut ali dokler zobotrebec, ki ga zapičimo v sredino, ne izstopi čist. Če začne bananin kruh preveč temneti, ga zadnjih 15 do 20 minut peke pokrijte z aluminijasto folijo.
j) Ko je bananin kruh pečen, ga vzemite iz pečice in pustite, da se 10 minut ohlaja v pekaču. Nato ga prestavite na rešetko, da se ohladi.

73. Bananin kruh z janežem in črnico

Naredi: 10 obrokov

SESTAVINE:
- 2 skodelici (250 gramov) večnamenske moke
- 2 veliki banani, približno 340 gramov
- 140 gramov nesoljenega masla
- 1 ½ skodelice granuliranega sladkorja
- 2 veliki jajci, pri sobni temperaturi
- 1 čajna žlička vanilijevega ekstrakta
- 4 žlice semen nigelle
- 3 žlice celih janeževih semen
- 1 skodelica pepita , razdeljena
- 1 čajna žlička sode bikarbone
- 1 čajna žlička morske soli
- 1 skodelica orehov, grobo sesekljanih
- 1 žlica turbinado sladkorja
- 1 žlica masla (za namastitev pekača)
- 2 žlici moke (za posip pekača)

NAVODILA:

a) Operite in odrežite konce 2 banan, ju položite v plastično vrečko in zamrznite, dokler ne strdita, za najmanj 8 ur. Odtajajte na sobni temperaturi ali čez noč v hladilniku, dokler ni dovolj zrel za uporabo.
b) Pečico segrejte na 375 °F (190 °C) z rešetko na sredini pečice.
c) Zamrznjene banane skupaj z lupinami pretlačite v mešalniku do gladkega pireja, pri čemer je olupek komaj opazen.
d) Pekač za hlebce velikosti 8 x 4 palcev (20 x 10 cm) namastite z majhnim koščkom masla, tako da ga dobro prekrijete. Vanj stresite 2 žlici moke, ponev stresite, da prekrijete dno in stene, nato odstranite odvečno moko.
e) Na majhnem ognju stopimo maslo in ga odstavimo, da se ohladi.
f) V ponvi ločeno pražite janeževa semena, pepita in orehe približno 3 minute vsakega, da izboljšate njihov okus. Odstavimo jih, da se ohladijo.
g) V skledo za mešanje dodajte moko, sol, sodo bikarbono, 2 žlici semen nigelle, ½ skodelice pepita , janeževa semena in orehe. Dobro premešajte, da se dobro premeša.
h) Pasirane banane prenesite v veliko skledo. Dodajte granulirani sladkor, stopljeno maslo, jajca (eno po eno) in vanilijo. Dobro premešajte, da se meša, strgajte po straneh posode. Dodajte mešanico moke in mešajte, dokler se vse sestavine ne povežejo.
i) Maso nastrgamo v pripravljen model za torte in po vrhu zgladimo z gumijasto lopatko.
j) Zmešajte preostale pepita , semena nigelle in turbinado sladkor (ali granulirani sladkor) in to mešanico potresite po vrhu testa.
k) Pecite 1 uro in 15 minut oziroma dokler zobotrebec, ki ga zapičite v sredino kruha, ne izstopi čist.
l) Kruh vzamemo iz pečice in pekač položimo na rešetko. Pustite, da se ohladi v modelu 10 minut, nato pa ga obrnite na rešetko in ga postavite s pravo stranjo navzgor.
m) Ta okusen bananin kruh postrezite topel, pri sobni temperaturi ali celo ohlajen.

74. Açaí bananin kruh

Naredi: 6 obrokov

SESTAVINE:
- Açaí pire
- ½ skodelice veganskega masla
- 1 skodelica veganskega sladkorja
- 3 zelo velike zrele banane
- 2 nadomestila za jajca
- ½ čajne žličke vanilije
- ½ čajne žličke limoninega soka
- 1 ½ skodelice nebeljene moke
- 1 ½ žlice vroče vode

NAVODILA:

a) Pečico segrejte na 350 stopinj.
b) Za pripravo premažite standardni pekač za štruco, zmečkajte banane do gladkega z nekaj koščki in ločite beljake od rumenjakov v dve različni skledi.
c) V veliki skledi stepemo maslo in sladkor. Dodajte banane, rumenjake, vanilijo, limonin sok in sodo bikarbono ter temeljito premešajte, nato pa vmešajte moko, dokler se le ne premeša.
d) Beljake stepite v trd sneg, nato pa jih nežno vmešajte v testo, dokler se ne zmeša. Nazadnje vmešajte vročo vodo.
e) Polovico testa vlijte v pekač za štruco, dodajte paket Açaí, da naredite srednjo plast, nato pa vlijte preostalo testo, da napolnite.
f) Z lesenim nabodalom ali drugo podobno oblikovano napravo nežno mešajte testo s krožnimi gibi, da se Açaí zasuče.
g) Pečemo približno 45 minut oziroma dokler zobotrebec, ki ga zapičimo v sredino, ne izstopi čist.
h) Pustite, da se ohladi približno 15 minut in postrezite.

75.Bananin kruh z goji jagodami

SESTAVINE:

- 35 g (⅓ skodelice) ovsenih kosmičev
- 1 žlica lanenih semen
- 2 žlici kokosovega sladkorja
- 75 g (⅓ skodelice) strjenega kokosovega olja
- 4 jajca
- 40 g (⅓ skodelice) kokosove moke
- 40 g (⅓ skodelice) mandljevega zdroba
- 2 žlici goji jagod
- 2 žlički pecilnega praška brez glutena
- 1 čajna žlička mletega cimeta
- 3 zrele banane, pretlačene

NAVODILA:

a) Pečico segrejte na 180°C/160°C z ventilatorjem. Namastite in obložite dno in stranice pekača za štruco 7 x 22 cm (osnovna mera), tako da robovi visijo.

b) V majhni skledi zmešajte 3 čajne žličke ovsa, 2 čajni žlički lanenega semena in 1 čajno žličko kokosovega sladkorja. Dati na stran.

c) Z električnimi stepalniki stepite kokosovo olje in preostali sladkor v skledi, dokler ne postaneta bleda in kremasta. Vmešajte 1 jajce in 1 žlico kokosove moke. Ponovite s preostalimi jajci in kokosovo moko, dokler se ne združijo.

d) Jajčni mešanici dodajte mandljevo moko, goji jagode, pecilni prašek, mleti cimet, pretlačene banane ter preostanek ovsa in lanenega semena. Mešajte, da se združi.

e) Maso z žlico vlijemo v pripravljen pekač in gladimo površino.

f) Na vrh testa potresemo prihranjeno ovseno mešanico.

g) Pecite 1 uro ali dokler kruh ni čvrst in nabodalo, ki ga vstavite v sredino, ne pride ven čisto.

h) Kruh ohlajajte v pekaču 15 minut, nato ga prestavite na rešetko, da se še ohladi.

76. Glaziran trojni jagodni bananin kruh

SESTAVINE:
ZA BANANIN KRUH:
- 6 žlic nesoljenega masla, stopljenega in rahlo ohlajenega
- 2 skodelici večnamenske moke
- ¾ skodelice sladkorja
- ¾ čajne žličke pecilnega praška
- ½ čajne žličke soli
- 2 veliki jajci
- 1 ½ skodelice zmečkanih zrelih banan (približno 4 srednje velike banane)
- ¼ skodelice navadnega grškega jogurta
- 1 čajna žlička vanilijevega ekstrakta
- 2 skodelici mešanih borovnic, malin in robid, razdeljenih

ZA LIMONINO GLAZURO:
- Sok pol limone (približno 3 žlice)
- ½ skodelice sladkorja v prahu (ali več, če želite gostejšo glazuro)

NAVODILA:
a) Pečico segrejte na 350 °F (175 °C). Namastite 9x5-palčni pekač za štruce.
b) V veliki skledi zmešajte moko, sladkor, pecilni prašek in sol.
c) V ločeni skledi zmešajte jajca, pretlačene banane, jogurt in stopljeno (rahlo ohlajeno) maslo, skupaj z vanilijo. Stepajte do gladkega.
d) Na sredini mešanice moke naredite jamico in vanjo vlijte bananino mešanico. Nežno mešajte, dokler se ravno ne združi, pri čemer pazite, da ne premešate preveč.
e) Nežno dodajte 1 ½ skodelice mešanega jagodičevja, ½ skodelice pa pustite za preliv.
f) Testo vlijemo v pripravljen pekač za kruh. Po vrhu potresemo preostale jagode in jih nežno pritisnemo v testo.
g) Pecite, dokler štruca ni zlato rjava in zobotrebec, ki ga zapičite v sredino, ne izstopi čist, kar naj traja približno 1 uro do 1 uro 15 minut.
h) Pustite, da se štruca ohladi v pekaču 5 minut, nato pa jo previdno obrnite na rešetko. Pred rezanjem naj se popolnoma ohladi.

ZA LIMONINO GLAZURO,
i) Limonin sok in sladkor v prahu stepemo do gladkega.
j) To glazuro pokapljajte po vrhu kruha tik pred serviranjem.

77. Bananin kruh z borovnicami

Naredi: 1 štruco

SESTAVINE:
- 2 skodelici večnamenske moke
- 1 čajna žlička sode bikarbone
- 4 zrele banane
- 1 veliko jajce
- 1 čajna žlička vanilijevega ekstrakta
- ½ skodelice sladkorja
- ½ skodelice nesoljenega masla (1 palčka), stopljenega
- 1 čajna žlička cimeta (neobvezno)
- 1 skodelica svežih borovnic

NAVODILA:
a) Pečico segrejte na 350 °F (175 °C).
b) V srednji skledi zmešajte večnamensko moko in sodo bikarbono. To mešanico postavite na stran.
c) V veliki posodi za mešanje z vilicami pretlačite zrele banane. Dodajte veliko jajce in ekstrakt vanilije ter ju dobro premešajte.
d) V bananino mešanico vmešajte sladkor in stopljeno maslo. Po želji na tej stopnji dodajte cimet.
e) Postopoma dodajajte mešanico moke v mešanico banan in mešajte, dokler se le ne združi.
f) Sveže borovnice nežno vmešajte v testo.
g) Pekač za kruh popršimo z oljem ali namastimo, nato pa vanj vlijemo maso.
h) Pecite pri 350 °F (175 °C) 65-75 minut ali dokler kruh ne postane zlato rjav.
i) Privoščite si ta čudovit bananin kruh z borovnicami, kjer kombinacija zrelih banan in sočnih borovnic ustvari popolno harmonijo okusov. Uživajte!

78.Tropski bananin kruh

Naredi: 2 štruci

SESTAVINE:
KRUH:
- 1 ½ skodelice nebeljene večnamenske moke
- 2 žlički pecilnega praška
- 1 ščepec soli
- 14 unč pločevinke zdrobljenega ananasa
- 3 jajca
- 1 ¼ skodelice sladkorja
- 1 čajna žlička vanilijevega ekstrakta
- ½ skodelice nesoljenega masla, stopljenega in ohlajenega
- 1 skodelica zelo zrelih banan, pretlačenih z vilicami
- 2 žlici limetinega soka
- ½ skodelice nesladkanega naribanega kokosa

SIRUP:
- ½ skodelice sladkorja
- ¼ skodelice limetinega soka
- ½ skodelice nesladkanega naribanega kokosa, rahlo opečenega

NAVODILA:
ZA KRUH:
a) Pečico segrejte na 350 °F (180 °C). Dva pekača s šestimi skodelicami (1,5-litra) 10 x 4 palcev (25 x 10 cm) namastite z maslom in vsakega obložite s listom pergamentnega papirja, tako da visi čez obe strani.
b) V skledi zmešajte moko, pecilni prašek in sol. To suho mešanico postavite na stran.
c) Ananas odcedite s pomočjo sita in ga potlačite z zajemalko, da izločite čim več tekočine. Odcejen ananas odstavite in sok prihranite za drugo uporabo.
d) V drugi skledi z električnim mešalnikom stepajte jajca, sladkor in vanilijo, dokler se zmes ne podvoji in začne padati v trakovih iz mešalnika, kar naj traja približno 10 minut. Vmešamo stopljeno maslo.
e) Dodamo pretlačene banane in limetin sok ter mešamo, dokler zmes ne postane gladka. Vmešajte suhe sestavine, nastrgan kokos in odcejen ananas.
f) Testo enakomerno razporedite v pripravljene pekače. Pecite približno 40 minut oziroma dokler zobotrebec, ki ga zapičite v sredino štruc, ne izstopi čist.
g) Pustite, da se hlebčki ohladijo na rešetki.
ZA SIRUP:
h) V majhni kozici zavrite sladkor in limetin sok. Kuhajte približno 2 minuti oziroma dokler se sladkor popolnoma ne raztopi.
i) Vmešajte rahlo popražen nastrgan kokos.
j) Tople kolačke prelijemo s sirupom in pustimo 30 minut, da se vpije.
k) Uživajte v okusu tropov s tem tropskim bananinim kruhom! V vsakem grižljaju je košček raja.

79. Mangov bananin kruh

Naredi: 1 štruco

SESTAVINE:
- 1 skodelica sladkorja
- ½ skodelice nesoljenega masla, pri sobni temperaturi
- 2 veliki jajci
- 2 zreli banani
- ½ zrelega manga, narezanega na kocke
- 1 žlica mleka
- 1 čajna žlička mletega cimeta
- 2 skodelici moke
- 1 čajna žlička pecilnega praška
- 1 čajna žlička sode bikarbone
- 1 čajna žlička soli
- ¾ čajne žličke vanilijevega ekstrakta

NAVODILA:
a) Pečico segrejte na 325 stopinj Fahrenheita (163 stopinj Celzija). Namastite ali obložite pekač za hlebce.
b) V veliki posodi za mešanje stepamo sladkor in maslo sobne temperature, dokler zmes ne postane rahla in puhasta.
c) Eno za drugim dodajte jajca in po vsakem dodajanju dobro stepite.
d) V manjši skledi z vilicami pretlačite zrele banane.
e) Mleko, mleti cimet in vanilijev ekstrakt vmešajte v pretlačene banane, da se dobro povežejo.
f) Na kocke narezan mango nežno vmešajte v mešanico banan. To mešanico postavite na stran.
g) V drugi skledi zmešamo moko, pecilni prašek, sodo bikarbono in sol.
h) Mešanico banane in manga dodajte mešanici smetanega sladkorja in masla ter mešajte, dokler se vse ne poveže.
i) Na koncu dodajte suhe sestavine in mešajte, dokler ne nastane enotna masa.
j) Testo vlijemo v pripravljen pekač za hlebce in po vrhu zgladimo.
k) Pecite približno 65-75 minut oziroma dokler zobotrebec, ki ga zapičite v sredino, ne izstopi čist.
l) Pustite, da se mangov bananin kruh ohladi na pekaču, preden ga odstranite iz pekača, da ne poči na vrhu.

80. Schwarzwald bananin kruh

SESTAVINE:
ZA BANANIN KRUH:
- 3 zrele banane, pretlačene
- ½ skodelice nesoljenega masla, stopljenega
- 1 skodelica granuliranega sladkorja
- 2 veliki jajci
- 1 čajna žlička vanilijevega ekstrakta
- 1 ½ skodelice večnamenske moke
- ¼ skodelice kakava v prahu
- 1 čajna žlička sode bikarbone
- ½ čajne žličke soli
- ½ skodelice polsladkih čokoladnih koščkov

ZA BLACK FOREST PRELIV:
- 1 skodelica svežih češenj, izkoščičenih in razpolovljenih
- ¼ skodelice granuliranega sladkorja
- ¼ skodelice vode
- 1 žlica koruznega škroba
- Stepena smetana (za serviranje, neobvezno)

NAVODILA:

a) Pečico segrejte na 350 °F (175 °C). Namastite in pomokajte 9x5-palčni pekač za štruce.
b) Zrele banane v skledi z vilicami zmečkajte do gladkega.
c) V ločeni veliki skledi zmešajte skupaj stopljeno maslo in granulirani sladkor, dokler se dobro ne združita.
d) Mešanici masla in sladkorja dodajte jajca in vanilijev ekstrakt ter stepajte do gladkega.
e) V drugo skledo presejte večnamensko moko, kakav v prahu, sodo bikarbono in sol.
f) Postopoma dodajajte suhe sestavine mokrim sestavinam in mešajte, dokler se le ne povežejo. Ne premešajte.
g) Nežno vmešajte polsladke čokoladne koščke.
h) Testo za bananin kruh vlijemo v pripravljen pekač.
i) Pecite v predhodno ogreti pečici 60-70 minut oziroma dokler zobotrebec, ki ga zapičite v sredino, ne izstopi čist.
j) Medtem ko se bananin kruh peče, pripravimo črni gozdni preliv. V kozici zmešamo izkoščičene in razpolovljene češnje, kristalni sladkor in vodo. Na srednjem ognju pustimo vreti.
k) V majhni skledi zmešajte koruzni škrob z žlico vode, da nastane kaša. To zmes dodamo vrejoči češnjevi mešanici in mešamo, dokler se omaka ne zgosti. Odstranite z ognja in pustite, da se ohladi.
l) Ko je bananin kruh pečen, ga vzemite iz pečice in pustite, da se hladi v pekaču približno 10 minut, preden ga prestavite na rešetko, da se popolnoma ohladi.
m) Ko se bananin kruh ohladi, štruco z žlico prelijte s češnjevim prelivom iz Schwarzwalda.
n) Po želji postrezite rezine črnega gozdskega bananinega kruha s kančkom stepene smetane.

81. Čokoladno bananin kruh Godiva

SESTAVINE:
- 2 do 3 pretlačene zrele banane
- ⅓ skodelice stopljenega masla
- 1 čajna žlička vanilijevega ekstrakta
- ¼ skodelice čokoladnih žetonov ali koščkov Godiva
- 1 skodelica sladkorja
- 1 ½ skodelice večnamenske moke
- 1 čajna žlička sode bikarbone
- Ščepec soli
- 1 jajce, pretepeno

NAVODILA:
a) Pečico segrejte na 350 °F (175 °C). Namastite 4x8-palčni pekač za štruce.
b) Zrele banane v skledi z vilicami zmečkajte do gladkega.
c) Stopljeno maslo vmešamo v pretlačene banane.
d) Bananini mešanici dodajte stepeno jajce in vanilijev ekstrakt ter dobro premešajte.
e) V ločeni skledi zmešajte moko, sladkor, sodo bikarbono in ščepec soli.
f) Postopoma vmešajte suhe sestavine v mešanico mokrih banan, dokler se ravno ne povežejo.
g) Nežno zložite čokoladne koščke ali koščke Godiva.
h) Testo vlijemo v pripravljen pekač.
i) Pecite v predhodno ogreti pečici približno 60-65 minut oziroma dokler zobotrebec, ki ga zapičite v sredino, ne pride ven čist ali z nekaj vlažnimi drobtinami (izogibajte se čokoladi).
j) Pustite, da se bananin kruh približno 10 minut hladi v pekaču, nato pa ga prestavite na rešetko, da se popolnoma ohladi.
k) Ko se ohladi, narežite in postrezite okusen čokoladno bananin kruh Godiva.

82.Rdeči žametni bananin kruh

Naredi: 2 štruci

SESTAVINE:
- 1 škatla mešanice za torto Red Velvet
- 3 velika jajca
- ⅓ skodelice olja
- 1½ skodelice pretlačenih banan, približno 3 ali 4 banane
- 1 skodelica sesekljanih pekanov

NAVODILA:
a) Pečico segrejte na 350ºF. Dva pekača namastimo in pomokamo.
b) Zmešajte suho mešanico za torto, jajca, olje, pretlačene banane in sesekljane orehe pecane, dokler se dobro ne premešajo. Testo vlijemo v pripravljene pekače.
c) Pečemo 30 do 35 minut oziroma dokler zobotrebec, zapičen v sredino, ne izstopi čist.
d) Odstranite iz pečice na rešetko za hlajenje za 10 minut, preden jo odstranite iz pekača.
e) Povsem ohladite na rešetki. Po želji potresemo s sladkorjem v prahu.

83. Bananin kruh Hershey Bars

Naredi: 8

SESTAVINE:
- 1-2 žlici zmehčanega masla (za namastitev pekača)
- 1-2 žlici moke (za posip pekača)
- 3 Hershey ploščice
- 2 zelo zreli banani
- ⅓ skodelice rastlinskega ali repičnega olja
- ½ skodelice granuliranega sladkorja
- 1 čajna žlička vanilijevega ekstrakta
- 1 veliko jajce
- 1 ½ skodelice večnamenske moke
- 1 čajna žlička sode bikarbone
- ½ čajne žličke soli

NAVODILA:
a) Pečico segrejte na 350 stopinj Fahrenheita. Standarden pekač za hlebce (približno 9 x 5 palcev) namastite z zmehčanim maslom in potresite z moko.
b) Dve Hershey ploščici narežite na majhne koščke in ju postavite na stran.
c) Na krožniku zmečkajte zrele banane s hrbtno stranjo vilic. Prenesite jih v veliko skledo za mešanje.
d) Pretlačenim bananam dodajte rastlinsko ali repično olje, granulirani sladkor, vanilijev ekstrakt in veliko jajce. Te sestavine temeljito premešajte.
e) V mešanico banan dodajte večnamensko moko, sodo bikarbono in sol ter mešajte, dokler se dobro ne poveže.
f) Čokoladne koščke nežno vmešajte v testo, tako da zagotovite enakomerno porazdelitev čokolade. Testo vlijemo v pripravljen, pomaščen pekač.
g) Na vrh testa za bananino štruco položite koščke tretje ploščice Hershey, pri čemer ohranite pravokotno obliko nedotaknjeno, tako da lahko vidite logotip "HERSHEY".
h) Pecite 50 do 55 minut v predhodno ogreti pečici oziroma dokler zobotrebec, ki ga zapičite v sredino, ne izstopi čist.
i) Pustite, da se bananin kruh ohladi približno 10 minut, preden ga postrežete.

84. Bananin kruh, prepojen z Brownijem

Naredi: 8 - 10

SESTAVINE:
- 125 g nesoljenega masla, narezanega na kocke, plus dodatek za mazanje pekača
- 150 g temne čokolade, narezane na majhne koščke
- 200 g zlatega sladkorja
- 3 jajca
- 200 g samovzhajalne moke
- 50 g kakava v prahu
- 2 zreli banani, olupljeni in pretlačeni

NAVODILA:
a) Pečico segrejte na 180 °C/160 °C ventilator/plinska oznaka 4. Namastite 900 g pekač za hlebce in obložite dno in stranice s peki papirjem.
b) 100 g nasekljane temne čokolade dajte v toplotno odporno skledo skupaj z maslom. Čokolado in maslo stopite v ponvi z vrelo vodo in pazite, da se dno posode ne dotika vode. Lahko pa to storite v mikrovalovni pečici v 20-sekundnih zaporedjih. Zmes odstavimo, da se nekoliko ohladi.
c) V ločeni skledi z električno metlico stepamo sladkor in jajca, dokler ne postanejo svetla in penasta. Presejte moko, ki sama vzhaja, kakav v prahu in ščepec soli, nato pa premešajte.
d) Nato dodajte stopljeno čokoladno mešanico, nato pretlačene banane in preostale koščke čokolade.
e) Testo vlijemo v pripravljen model in pečemo 50 minut oziroma dokler se kruh ne napihne in nabodalo, zabodeno v sredino, ne pride ven čisto.
f) Pustite, da se bananin kruh 10 minut hladi v modelu, nato pa ga prestavite na rešetko, da se popolnoma ohladi. Če želite, lahko posodo očistite in vanj vrnete štruco za lažji transport.
g) Bananin kruh, prepojen z browniejem, bo ostal svež v nepredušni posodi do štiri dni.

85.RumChata bananin kruh

SESTAVINE:
- 2 skodelici moke
- 1 čajna žlička sode bikarbone
- 1 čajna žlička soli
- ½ skodelice masla, zmehčanega
- 1 skodelica sladkorja
- 2 jajci
- 4 majhne zrele banane, pretlačene
- 2 žlici in 2 čajni žlički likerja RumChata
- 1 čajna žlička vanilije

GLAZURA
- 2 žlici masla, stopljeno
- 1 skodelica sladkorja v prahu
- 1 žlica RumChata
- 1 čajna žlička tople vode

GARNIRAJ
- Pest pekanov

NAVODILA:

a) Obrnite 4 lit Crock Pot na visoko. Vložek proizvajalca maščobe in moke zelo temeljito namastite, da se prepreči sprijemanje.
b) V srednji skledi zmešajte moko, sodo bikarbono in sol.
c) V drugi skledi stepemo maslo s sladkorjem. Dodajte jajca, enega za drugim. Dodajte RumChata in vanilijo.
d) Povsem premešajte. Vmešajte banane, dokler niso dobro premešane. Postopoma dodajte mešanico moke. Mešajte, dokler se le ne združi.
e) Postavite vložek v lonček. Previdno dodajte testo. Na vrh položite papirnato brisačo in nanjo položite pokrov.
f) Lonček pokrijte s pokrovom in pecite na VISOKO 2 do 3 ure oziroma dokler zobotrebec, ki ga zapičite v sredino štruce, ne izstopi čist in se sredina ne trese. Ne preverjajte prej kot 2 uri; omogoča uhajanje preveč toplote.
g) Ko je kruh pečen, odstranite vložek in ga položite na rešetko. Pustite, da se ohladi 15 minut. S tanko kovinsko lopatko zrahljajte rob kruha. Odstranite kruh iz počasnega kuhalnika na rešetko za hlajenje. Ohladite 1 uro.
h) V majhni skledi zmešajte sestavine za glazuro, dokler ne postane gladka in konsistentna z gostim sirupom.
i) Pokapajte po vrhu kruha.
j) Prelijte z orehi orehi in postrezite.

86. Bananin kruh z viskijem

SESTAVINE:

- 2 zreli banani, pretlačeni
- ½ skodelice sladkorja
- ¼ skodelice rastlinskega olja
- ¼ skodelice viskija Jack Daniel's
- 1 jajce
- 1 čajna žlička vanilijevega ekstrakta
- 1 čajna žlička sode bikarbone
- ¼ čajne žličke soli
- 1 ½ skodelice večnamenske moke

NAVODILA:

a) Pečico segrejte na 350°F (175°C).
b) V posodi za mešanje zmešajte pretlačene banane, sladkor, rastlinsko olje, viski Jack Daniel's, jajca in ekstrakt vanilije.
c) V drugi skledi za mešanje zmešajte sodo bikarbono, sol in večnamensko moko.
d) Mokre sestavine vlijemo v suhe sestavine in mešamo, dokler se le ne združijo.
e) Maso vlijemo v pomaščen pekač.
f) Pecite v pečici 50-60 minut ali dokler zobotrebec, ki ga zapičite v sredino, ne izstopi čist.
g) Pustite, da se kruh ohladi nekaj minut, preden ga narežete in postrežete.

87. Amaretto bananin kruh

SESTAVINE:

- 2 skodelici večnamenske moke
- 1 čajna žlička sode bikarbone
- ¼ čajne žličke soli
- ½ skodelice masla, zmehčanega
- 1 skodelica sladkorja
- 2 jajci
- ¼ skodelice amaretta
- 3 zrele banane, pretlačene
- ½ skodelice sesekljanih orehov

NAVODILA:

a) Pečico segrejte na 350°F (175°C).
b) V skledi zmešajte moko, sodo bikarbono in sol.
c) V ločeni skledi penasto umešamo maslo in sladkor.
d) Stepite v jajca.
e) Masleni mešanici dodajte amaretto in pretlačene banane ter dobro premešajte.
f) Dodajte suhe sestavine mokrim sestavinam in mešajte, dokler se le ne povežejo.
g) Vmešajte sesekljane orehe.
h) Maso vlijemo v pomaščen pekač.
i) Pecite 50-60 minut, dokler zobotrebec, ki ga zapičite v sredino, ne izstopi čist.
j) Pustite, da se ohladi, preden ga narežete in postrežete.

88. Kahlua bananin kruh

SESTAVINE:

- 1 ¾ skodelice večnamenske moke
- 1 čajna žlička pecilnega praška
- ½ čajne žličke sode bikarbone
- ¼ čajne žličke soli
- ½ skodelice nesoljenega masla, zmehčanega
- 1 skodelica granuliranega sladkorja
- 2 veliki jajci
- 1 čajna žlička vanilijevega ekstrakta
- ¼ skodelice Kahlua
- ¼ skodelice mleka
- 3 zrele banane, pretlačene

NAVODILA:

a) Pečico segrejte na 350°F (175°C). Namastite in pomokajte 9x5-palčni pekač za štruce.

b) V srednji skledi zmešajte moko, pecilni prašek, sodo bikarbono in sol.

c) V ločeni veliki skledi penasto zmešajte maslo in sladkor, dokler ne postane svetlo in puhasto.

d) Eno za drugim stepite jajca, nato vmešajte vanilijev ekstrakt, kahluo in mleko.

e) Postopoma dodajajte suhe sestavine mokrim sestavinam in mešajte, dokler se le ne povežejo.

f) Zmešajte pretlačene banane, dokler niso enakomerno porazdeljene po testu.

g) Testo vlijemo v pripravljen pekač za hlebce in po vrhu zgladimo.

h) Pecite 55-60 minut ali dokler zobotrebec, ki ga zapičite v sredino, ne izstopi čist.

i) Pustite, da se bananin kruh Kahlua 10 minut ohlaja v pekaču, nato ga pred rezanjem prestavite na rešetko, da se popolnoma ohladi.

89. Bananin kruh z rjavim maslom in rumom

SESTAVINE:

- 2 skodelici večnamenske moke
- 1 ½ žličke pecilnega praška
- ½ čajne žličke sode bikarbone
- ½ čajne žličke cimeta
- ¼ čajne žličke košer soli
- ½ čajne žličke muškatnega oreščka
- 2 jajci
- 1 ½ skodelice pretlačene banane (približno 5 srednje velikih banan)
- 1 skodelica granuliranega sladkorja
- ½ skodelice (8 žlic) nesoljenega masla
- ⅓ skodelice ruma

NAVODILA:

a) Pečico segrejte na 350 stopinj F. Pripravite pekač za kruh 9 X 5 palcev tako, da dno in delno ob straneh poškropite s pršilom za kuhanje ali namastite z maslom.
b) V veliki skledi zmešajte moko, pecilni prašek, sodo bikarbono, cimet, sol in muškatni orešček.
c) V srednji skledi rahlo stepite jajca. Zmešajte pretlačeno banano in sladkor.
d) V srednji ponvi na srednjem ognju stopite maslo. Ko se maslo stopi, v ponev dodamo rum. Nadaljujte s kuhanjem med stalnim mešanjem.
e) Odstranite z ognja, ko opazite zlate koščke masla na dnu ponve. Pazite, da na štedilniku ne prekuhate, saj ne želite, da maslo postane pretemno; sicer lahko razvije okus po zažganem. Alkohol v rumu bo izhlapel, zaradi česar se bo maslo med kuhanjem spenilo.
f) Nadaljujte z nežnim mešanjem in se osredotočite na to, da maslo dobi zlato do rahlo jantarno barvo. Ta postopek običajno traja približno 5 do 7 minut. Zmanjšajte ogenj, če se zdi, da se kuha prehitro.
g) Bananini mešanici dodajte mešanico masla in ruma ter dobro premešajte.
h) Bananino mešanico naenkrat dodajte suhim sestavinam in mešajte, dokler se le ne poveže. Pričakujte nekaj grudic, kar je povsem v redu.
i) Pecite 55 - 60 minut ali dokler zobotrebec, zaboden v sredino, ne izstopi čist.
j) Štruco po želji zadnjih 15 minut peke pokrijemo s pločevinasto folijo, če začne preveč temneti.
k) Pekač vzamemo iz pečice in pustimo na rešetki, da se ohladi 15 minut.
l) Kruh vzamemo iz pekača in pustimo, da se popolnoma ohladi na rešetki.
m) Za najboljše rezultate rezanja kruh zavijte v plastično folijo in pustite stati čez noč. Uživajte!

90. Glaziran irski kremni bananin kruh

SESTAVINE:
IRSKI KREMNI BANANIN KRUH:
- 2 veliki jajci (sobne temperature)
- 2 veliki pretlačeni banani (zamrznjeni, nato odmrznjeni)
- ⅓ skodelice sladkorja
- ½ skodelice grškega jogurta
- ½ skodelice nesladkane jabolčne kaše
- 2 žlički mletega cimeta
- ¼ skodelice Bailey's Irish Cream
- 2¼ skodelice polnozrnate moke
- 1½ čajne žličke pecilnega praška
- ¼ čajne žličke soli
- ½ vrečke Bailey's Irish Cream Baking Chips (neobvezno)

IRSKA KREMNA GLAZURA:
- ½ skodelice plus 2 žlici Bailey's Irish Cream (ali nadomestek)
- 1 funt sladkorja v prahu (približno 3½ skodelice)

NAVODILA:
ZA IRSKI KREM BANANIN KRUH:
a) Pečico segrejte na 360°F. Pekač za štruce 9×5 poškropite s pršilom proti prijemanju.
b) V veliki skledi zmešajte vse mokre sestavine. Postopoma dodajajte suhe sestavine in jih nežno vmešajte, ne da bi pretirano mešali. Če uporabljate čips za peko, ga prav tako zložite.
c) Testo vlijte v pekač za štruco in ga nežno udarite navzdol, da zapolnite vse kotičke in špranje, še posebej, če uporabljate pekač z bolj zapletenim dizajnom.
d) Kruh pecite 55-60 minut oziroma dokler zobotrebec, ki ga zapičite v sredino, ne izstopi čist. Pustite, da se ohladi v pekaču 10 minut.
e) Medtem ko se kruh peče, pripravite glazuro in postavite posodo pod rešetko za hlajenje.

ZA IRSKO KREMNO GLAZURO:
f) Medtem ko je kruh v pečici, dajte sladkor v prahu v majhno skledo. Dodajte vso Bailey's Irish Cream naenkrat in mešajte, dokler glazura ni gladka.
g) Ko kruh obrnete na rešetko za hlajenje, ga prelijte ali z žlico prelijte z glazuro, dokler je še rahlo topel.
h) Kruh pustite na rešetki, dokler se popolnoma ne ohladi in glazura strdi.
i) Kruh do serviranja shranite v nepredušni posodi. Postrezite s preostalo irsko kremno glazuro, da jo vaši gostje po želji dodajo na rezine. Uživajte!

91. Bananin pivski kruh

Naredi: 1 štruco

SESTAVINE:
ZA KRUH:
- 3 skodelice večnamenske moke
- 3 žličke pecilnega praška
- 1 čajna žlička soli
- ½ čajne žličke mletega cimeta
- ¼ čajne žličke sveže naribanega muškatnega oreščka
- 3 pretlačene zelo zrele banane
- 1 čajna žlička vanilijevega ekstrakta
- 12 unč vašega najljubšega piva
- 6 žlic nesoljenega masla, stopljenega

ZA RJAVO MASLENO VANILIJEVO GLAZURO:
- 3 žlice nesoljenega masla
- 1 skodelica sladkorja v prahu
- 2 žlički vanilijevega ekstrakta
- 1 žlica mleka (če je potrebno)
- Ščepec soli

NAVODILA:
ZA KRUH:
a) Pečico segrejte na 375 stopinj F. Pekač za hlebce 9 × 5 popršite s pršilom proti prijemanju.
b) V veliko skledo presejte večnamensko moko, pecilni prašek, cimet in sol. Vmešamo pretlačene banane.
c) Prilijemo pivo in mešamo, dokler ne nastane testo. To bo gosto.
d) Maso z žlico vlijemo v pomaščen pekač. Po vrhu prelijemo s stopljenim maslom.
e) Pečemo 50 do 55 minut oziroma dokler kruh ni zlato rjav in se strdi na sredini.
f) Pekač vzamemo iz pečice in pustimo, da se ohladi približno 30 minut.
g) Prelijemo z rjavo masleno vaniljevo glazuro in narežemo.

ZA RJAVO MASLENO VANILIJEVO GLAZURO:
h) V majhni ponvi na srednjem ognju dodajte maslo. Neprestano mešajte, dokler maslo ne začne brbotati, in takoj, ko se na dnu ponve začnejo pojavljati rjavi koščki, jo odstavite z ognja. To bo trajalo približno 5 minut.
i) Dodajte rjavo maslo v skledo in vmešajte sladkor in vanilijev ekstrakt. Če je zmes pregosta za kapljanje, po potrebi vmešajte mleko.
j) Ohlajeno prelijemo po torti in postrežemo!

92.Jamajški začinjen bananin kruh

SESTAVINE:
- 3 skodelice večnamenske moke
- 2 skodelici granuliranega sladkorja
- 1 čajna žlička sode bikarbone
- 1 čajna žlička soli
- 3 čajne žličke mletega cimeta
- 1 čajna žlička mletih nageljnovih žbic
- 1 čajna žlička mletega muškatnega oreščka
- ½ skodelice sesekljanih orehov
- 2 skodelici pretlačenih zrelih banan
- 4 jajca, pretepena
- 1 ¼ skodelice rastlinskega olja

NAVODILA:
a) Pečico segrejte na 350 stopinj Fahrenheita. Dva pekača namastimo in pomokamo.
b) V veliki skledi zmešajte vse suhe sestavine. Na sredini z žlico naredite globoko jamico.
c) Dodajte preostale sestavine v jamico. Previdno premešajte mešanico in zagotovite, da so suhe sestavine navlažene.
d) Testo vlijemo v pripravljene pekače za hlebce.
e) Pecite v predhodno ogreti pečici 50 do 60 minut oziroma dokler zobotrebec, ki ga zapičite v sredino, ne izstopi čist.
f) Uživajte v aromatičnem in aromatičnem jamajškem začinjenem bananin kruhu, čudovitem odmiku od tradicionalnega recepta!

93. Havajski bananin kruh

Naredi: 8 rezin

SESTAVINE:
- 1 velika zrela banana
- 8-unčna pločevinka zdrobljenega ananasa, odcejenega
- 2 veliki jajci
- ½ skodelice stopljenega masla
- ½ skodelice sladkorja
- 1 ½ skodelice večnamenske moke
- ½ skodelice nesladkanega nastrganega kokosa in več za preliv
- 1 čajna žlička sode bikarbone
- ½ čajne žličke soli

NAVODILA:
a) Pečico segrejte na 350 stopinj Fahrenheita in pekač izdatno namastite z maslom.
b) V veliki skledi zmečkajte zrelo banano, nato pa vanjo vmešajte odcejen zdroblien ananas, jajca, stopljeno maslo in sladkor.
c) V ločeni srednje veliki skledi zmešajte večnamensko moko, nastrgan kokos, sodo bikarbono in sol.
d) Suhe sestavine dodajte mokrim sestavinam in nežno mešajte, dokler se le ne povežejo. Pazite, da testa ne zmešate preveč.
e) Testo vlijemo v pripravljen pekač za štruco in po vrhu potresemo še malo naribanega kokosa za dodatno teksturo in okus.
f) Bananin kruh pecite v predhodno ogreti pečici 55-65 minut oziroma dokler zobotrebec, ki ga zapičite v sredino hlebca, ne izstopi čist.
g) Pustite, da se štruca ohladi 10 minut v pekaču, nato jo odstranite in postavite na rešetko za hlajenje, da se popolnoma ohladi, preden jo narežete.
h) Prepustite se tropskim dobrotam tega havajskega bananinega kruha in uživajte v okusih otokov kar doma!

94.Filipinski bananin kruh Bibingka

SESTAVINE:
- Sprej za kuhanje
- 1 (14- x 12-palčni) kos bananinega lista
- 1 ¼ skodelice sladke riževe moke
- 1 ¼ skodelice lepljive riževe moke
- 2 ½ čajne žličke pecilnega praška
- 1 čajna žlička košer soli
- 1 skodelica granuliranega sladkorja
- 1 skodelica zelo zrelih pretlačenih banan
- ¾ skodelice dobro pretresenega in premešanega nesladkanega kokosovega mleka
- ½ skodelice nesoljenega masla (4 unče), stopljenega
- 1 čajna žlička vanilijevega ekstrakta
- 2 veliki jajci, pri sobni temperaturi

NAVODILA:

a) Pečico segrejte na 350°F. Pekač za štruce velikosti 9 x 5 palcev namažite s pršilom za kuhanje in ga postavite na stran.

b) S škarjami odrežite 12 x 4-palčni trak iz bananinega lista, vzporedno s sredinsko žilo lista. Preostali del bananinega lista narežite na 3 (12- x 3-palčne) trakove, tako da zarežete vzporedno z žilami lista.

c) 3-palčne široke trakove bananinih listov navzkrižno položite na dno in stranice pekača, tako da jih po potrebi prekrivate, da popolnoma poravnate dno. Prepričajte se, da konci listov segajo čez stranice za 1 do 2 palca. Preostali trak bananinih listov po dolžini položite na dno pekača za štruco in po krajših straneh delno navzgor. Ponev odstavimo.

d) V srednje veliki skledi zmešajte sladko riževo moko, lepljivo riževo moko, pecilni prašek in sol.

e) V veliki skledi zmešajte granulirani sladkor, pretlačene banane, kokosovo mleko, stopljeno maslo, ekstrakt vanilije in jajca, dokler se dobro ne premešajo. Dodajte mešanico moke v mešanico sladkorja in mešajte, dokler ni popolnoma združena.

f) Testo vlijemo v pripravljen pekač in ga enakomerno porazdelimo.

g) Pecite v predhodno ogreti pečici, dokler bananin kruh ne postane zlato rjav in se vrh ob rahlem pritisku vrne nazaj. To bo trajalo približno 1 uro in 10 minut do 1 ure in 20 minut. V zadnjih 20 minutah peke kruh ohlapno pokrijte z aluminijasto folijo, da preprečite, da bi preveč porjavel.

h) Pustite, da se bananin kruh popolnoma ohladi v pekaču na rešetki. To bo trajalo približno 2 uri in 30 minut do 3 ure.

i) Hlebček previdno vzemite iz pekača, pri čemer uporabite bananine liste kot ročaje.

j) Narežite bananin kruh in ga postrezite na bananinih listih za pristen pridih.

95. Azijski miso bananin kruh

Število: 8 oseb

SESTAVINE:
- 2 ½ skodelice večnamenske moke
- 1 ½ čajne žličke sode bikarbone
- 2 veliki jajci, sobne temperature
- 1 čajna žlička vanilijevega ekstrakta
- 3 skodelice zrelih banan, zmečkanih (približno 6 banan)
- ½ skodelice nesoljenega masla, sobne temperature
- ¼ skodelice belega misa
- 1 ½ skodelice svetlo rjavega sladkorja, pakirano
- 1 banana (opcijski okras)
- 1 skodelica sesekljanih orehov (neobvezno)

NAVODILA:

a) Pečico segrejte na 325 °F (163 °C) in postavite rešetko na sredino pečice. Oba pekača namažite z maslom in ju rahlo potresite z moko.

b) V srednje veliki posodi za mešanje zmešajte večnamensko moko in sodo bikarbono, dokler se dobro ne združita. To mešanico postavite na stran.

c) Stepite jajca, banano in vanilijo: V drugi srednji skledi za mešanje pretlačite banane z vilicami. Nato zmešajte jajca, pretlačeno banano in vanilijo, dokler se dobro ne povežejo.

d) V posodi vašega stoječega mešalnika z nastavkom z lopaticami ali veliki posodi za mešanje z električnim ročnim mešalnikom stepajte maslo, beli miso in rjavi sladkor na srednji hitrosti približno 5 minut ali dokler zmes ne postane rahla in puhasta.

e) Zmanjšajte hitrost mešalnika na nizko in dodajte mešanico banan. Mešajte, dokler se zmes ne zgosti, kar naj traja približno 1-2 minuti. Ne pozabite postrgati po stenah sklede.

f) Suho mešanico moke vmešajte v testo pri nizki hitrosti in mešajte, dokler se ravno ne združi in ne ostanejo sledi moke. Če uporabljate orehe, jih dodajte in premešajte. Izogibajte se pretiranemu mešanju.

g) Testo vlijemo v dva pripravljena pekača, tako da ju napolnimo približno do ⅔. Dodatno banano po dolžini prerežite na pol in jo položite na testo s prerezano stranjo navzgor. Pecite 70 minut, dokler vrh ne postane zlato rjav ali dokler zobotrebec, ki ga zapičite v sredino, ne izstopi čist in se štruca rahlo odmakne od robov pekača.

h) Pustite miso bananin kruh, da se ohladi v pekaču 15 minut, preden ga odstranite. Nadaljujte s hlajenjem na rešetki, dokler ne doseže sobne temperature.

96. Južnoameriški bananin kruh

Naredi: 12

SESTAVINE:
- 1 skodelica večnamenske moke
- ½ skodelice polnozrnate moke
- 1 čajna žlička pecilnega praška
- ½ skodelice nesoljenega masla
- 2 zreli banani, pretlačeni
- ½ skodelice rjavega sladkorja
- ¼ čajne žličke soli
- 1 čajna žlička mletega cimeta
- 1 žlica limoninega soka
- 1 jajce, pretepeno
- ½ skodelice sesekljanih pekanov

NAVODILA:
a) Pečico segrejte na 350 stopinj Fahrenheita (175 stopinj Celzija).
b) V posodi za mešanje zmešajte zmehčano maslo in rjavi sladkor, dokler se dobro ne povežeta. Dodamo pretlačene banane, sol, mleti cimet, limonin sok in stepeno jajce. Mokre sestavine stepajte, dokler niso dobro premešane.
c) V ločeni majhni skledi zmešajte večnamensko moko, polnozrnato moko in pecilni prašek.
d) Suho mešanico moke previdno vmešajte v mokro mešanico banan, pazite, da ne premešate preveč. Premešajte le toliko, da se moka vmeša.
e) Na koncu dodajte sesekljane pekan orehe.
f) Testo vlijemo v pripravljen pekač in po 30 minutah preverimo, ali je pečeno.
g) Pecite, dokler kruh ni zlato rjav in zobotrebec, ki ga zapičite v sredino, ne izstopi čist.

97. Bananin kruh z indijskim navdihom

SESTAVINE:
- 2 zrela trpotca
- ⅓ skodelice masla
- 1 čajna žlička sode bikarbone
- Ščepec soli
- ½ skodelice sladkorja
- 1 jajce, pretepeno
- 2 žlički vanilijevega ekstrakta
- ½ skodelice indijskih oreščkov
- 1 čajna žlička mletega kardamoma
- 1 žlica rjavega sladkorja
- 1 ½ skodelice večnamenske moke

NAVODILA:
a) Pečico segrejte na 350 °F (175 °C).
b) Oba zrela trpotca segrevajte v mikrovalovni pečici približno 2 minuti, dokler lupina ne postane temno rjava. Odstranite lupino in trpotce položite v veliko skledo za mešanje.
c) Trpotec pretlačite, dokler ni gladek z nekaj koščki. Dati na stran.
d) V majhno ponev na srednje močnem ognju dodajte indijske oreščke, rjavi sladkor in mleti kardamom.
e) Indijske oreščke med nenehnim mešanjem rahlo pražimo, da se enakomerno prekrijejo z rjavim sladkorjem in kardamomom. Ko je obložen in opečen, ga odstranite z ognja in odstavite.
f) Vrnite se v skledo s pretlačenimi trpotci in z ročnim mešalnikom vmešajte maslo.
g) Ko je maslo zmešano, dodajte sodo bikarbono, ščepec soli, sladkor, stepeno jajce in vanilijev ekstrakt. Mešajte, dokler se dobro ne poveže.
h) Počasi vmešajte večnamensko moko, da ustvarite testo za bananin kruh.
i) Testo vlijemo v pomaščen pekač ali pekače za torte (lahko uporabite na primer dva mini pekača za torte).
j) Pecite približno 50 minut ali dokler nož, vstavljen v sredino, ne izstopi čist.
k) Ko ga vzamete iz pečice, pustite, da se bananin kruh približno 10 minut hladi v pekaču, preden ga prestavite na rešetko za nadaljnje hlajenje.

98. Južnoafriški bananin kruh

Naredi: 1 majhen kruh

SESTAVINE:
- ½ skodelice masla ali margarine
- 1 skodelica sladkorja
- 2 jajci
- 2 skodelici moke
- 2 žlički pecilnega praška
- ¼ čajne žličke soli
- 4-6 pretlačenih zrelih banan
- ½ čajne žličke cimeta
- 1 čajna žlička vaniljeve esence (neobvezno)
- Zdrobljeni pekan orehi (neobvezno)

NAVODILA:
a) Pečico segrejte na 180 °C (350 °F). Uporabite majhen pekač za kruh in ga popršite s pršilom proti prijemanju, da preprečite prijemanje.
b) V posodi za mešanje stepite maslo in sladkor skupaj do kremaste mase. Če uporabljate, dodajte vanilijevo esenco.
c) Eno za drugim dodajte jajca in po vsakem dodajanju dobro stepite.
d) Postopoma dodajte suhe sestavine, vključno z moko, pecilnim praškom in soljo. Mešajte, dokler se dobro ne poveže.
e) Dodamo pretlačene banane in po želji dodamo orehe, vanilijevo esenco in cimet. Mešajte, dokler ni vse dobro vključeno.
f) Testo vlijemo v pripravljen pekač za kruh.
g) Pečemo v ogreti pečici približno eno uro oziroma dokler kruh ni pečen. Pripravljenost lahko preverite tako, da v sredino zapičite zobotrebec – ven mora biti čist.
h) Ko je pečen, južnoafriški bananin kruh postrezite z izdatno namazanim maslom.

99. Bližnjevzhodni tahini bananin kruh

Naredi: 1 štruco

SESTAVINE:
- 3 zrele pikčaste banane, pretlačene
- ⅓ skodelice kokosovega olja, stopljenega
- ⅓ skodelice tahinija + 2 dodatni žlici za oblaganje pekača
- 2 jajci
- 1 čajna žlička vanilije
- ⅓ skodelice rjavega sladkorja
- ⅓ skodelice granuliranega sladkorja
- 1¾ skodelice večnamenske moke
- ½ čajne žličke pecilnega praška
- ¾ čajne žličke sode bikarbone
- 2 žlički pimenta
- ½ čajne žličke košer soli
- ½ skodelice sesekljanih datljev
- 2-3 žlice sezamovih semen

NAVODILA:

a) Pečico segrejte na 350 stopinj Fahrenheita in rešetko nastavite na zgornji srednji položaj.

b) V veliki skledi pretlačite banane z vilicami ali stiskalnikom za krompir, dokler ne postanejo podobne pasti.

c) Bananini mešanici dodajte kokosovo olje, tahini, jajca, vanilijo in sladkorje. Zložite, dokler ni ravno združeno.

d) Nato dodamo moko, pecilni prašek, sodo bikarbono, piment in sol. Prepognite, dokler ne ostane skoraj nič črt.

e) Tik preden vključite vso moko, dodajte sesekljane datlje in mešajte, dokler se le ne združi.

f) Pripravite svoj 9" pekač za štruco tako, da na dno stresete približno 2 žlici tahinija. S čopičem za pecivo ali papirnato brisačo ga razmažite po dnu in ob straneh, dokler ni popolnoma prevlečen.

g) Testo vlijemo v pripravljen pekač za hlebce in ga potresemo s sezamovimi semeni.

h) Pecite 55-65 minut, dokler vrh ni zlato rjav in vstavljen tester ne pride ven čist.

i) Pustite, da se ohlaja 15 minut, nato ga odstranite iz pekača in pustite, da se popolnoma ohladi.

j) Uživajte! Shranjujte na pultu do 5 dni ali zamrznite za kasnejšo uporabo.*

100. Mehiški bananin kruh Dulce de Leche

Naredi: 8 do 10 obrokov

SESTAVINE:
- ½ skodelice nesoljenega masla in še več za namastitev ponve
- ¼ skodelice rjavega sladkorja
- ½ skodelice granuliranega sladkorja
- 2 jajci
- 1 čajna žlička vanilijevega ekstrakta
- 2 ½ skodelice moke
- 1 čajna žlička sode bikarbone
- 2 žlički pecilnega praška
- ½ čajne žličke soli
- 2 zreli banani, olupljeni, narezani in popolnoma pretlačeni
- ½ skodelice Dulce de Leche ali Cajete
- ¼ skodelice vrele vode
- Za okras: slaščičarski sladkor

NAVODILA:

a) Rešetko postavite na sredino pečice in jo segrejte na 350 stopinj Fahrenheita. Pekač za hlebce 9" x 5" premažite z maslom.

b) V skledi stoječega mešalnika, nastavljenega z nastavkom za metlice, stepajte maslo na srednji hitrosti, dokler ne postane rahlo in puhasto, kar traja približno 3 do 4 minute. Dodajte rjavi sladkor in granulirani sladkor ter nadaljujte s stepanjem, dokler zmes ni gladka. Nato dodajte jajca in vanilijo ter stepajte še nekaj minut.

c) V ločeni skledi zmešajte moko, sodo bikarbono, pecilni prašek in sol. Zmanjšajte hitrost mešalnika na nizko in dodajte mešanico moke po ¼ skodelice naenkrat. Nadaljujte s stepanjem, dokler ni dobro vključeno. Testo bo zelo suho.

d) Odstranite tretjino testa in ga odložite v ločeno skledo. Preostali masi v skledi mešalnika dodajte pretlačene banane in nadaljujte s stepanjem, dokler masa ne postane puhasta in zmešana. Bananino testo vlijemo v pripravljen pekač.

e) Sperite posodo mešalnika in nastavek za lopatico. Dodajte prihranjeno testo in Dulce de Leche v skledo mešalnika in stepajte pri srednji hitrosti minuto, dokler se ne zmešata. Zmanjšamo hitrost, prilijemo vrelo vodo in stepamo, dokler zmes ni popolnoma gladka. Testo za karamelo dulce de leche vlijemo v ponev čez bananino testo.

f) Pekač postavimo v pečico in pečemo eno uro, dokler se vrh ne napihne, zlato rjavo zapeče in zobotrebec ne izstopi iz vogala kruha vlažen, vendar ne moker. Odstranite iz pečice, pustite, da se ohladi, in jo zvrnite iz pekača na krožnik. Okrasite s slaščičarskim sladkorjem. Ko se popolnoma ohladi, ga pokrijemo, da zadrži ali celo pridobi več vlage.

ZAKLJUČEK

Ko zaključujemo naše okusno popotovanje po «Najpreprostejša kuharska knjiga o bananah», upamo, da ste bili navdihnjeni, da ste odkrili čare banan v svoji kuhinji. Možnosti tega vsestranskega sadja so neskončne in 100 preprostih jedi, ki ste jih raziskali, je le začetek vaših kulinaričnih dogodivščin.

Banane so nam pokazale, da je preprostost lahko spektakularna. Od smutijev do karijev, kruha do palačink, bili smo priča izjemni preobrazbi tega vsakodnevnega sadja v izjemne obroke. Skrivnost uspeha? To je ljubezen, ki jo vlagate v kuhanje, in veselje ob uživanju rezultatov vašega dela.

Ko nadaljujete svoje kulinarično raziskovanje, ne pozabite, da je vsaka jed, ki jo ustvarite, priložnost, da se izrazite in razveselite svoje brbončice. Kuhanje z bananami ni le hrana; gre za veselje ob deljenju, užitek ob uživanju in čarobnost spreminjanja preprostih sestavin v nepozabne trenutke.

Hvala, ker ste se nam pridružili pri praznovanju čudeža banan. Naj bo vaša kuhinja vedno napolnjena s slastnim vonjem jedi z bananami in naj še naprej brez truda ustvarjate kulinarične čarovnije. Veselo kuhanje!

www.ingramcontent.com/pod-product-compliance
Lightning Source LLC
Chambersburg PA
CBHW071319110526
44591CB00010B/944